Mit Ausflügen rund um

POTSDAM

Stadtführer **spezial**

W0397068

DIE AUTORIN

Ulrike Wiebrecht arbeitete nach dem Studium der Romanistik und Philosophie zunächst in Barcelona. Seit 1995 lebt die freie Journalistin und Buchautorin in Berlin. Zu ihren Themenschwerpunkten zählen Kultur und Reisen.

Swen und **Mandy Rohm** sind die Gründer des Reiseblogs **www.maro-effekt.de**. SIE ist Zahlenjunkie mit einer Schwäche für mitreißende Texte. ER ist Technikfreak mit einer Vorliebe für berauschende Natur. Auf ihrem Reiseblog für Lebensentdecker nehmen sie die Leser mit auf ihren Touren durch die Welt. Technik und Finanzen bilden das Herzstück der Reisetipps von MARO-Effekt.

www.vistapoint.de

INHALT

TOP 10 & MEIN POTSDAM

STADTTOUREN — MIT DETAILKARTEN

STREIFZÜGE

REISEBLOG: DAS ANDERE POTSDAM

VISTA POINTS – SEHENSWERTES

ERLEBEN & GENIESSEN

CHRONIK

SERVICE VON A BIS Z

ORTE AUS »1000 PLACES TO SEE BEFORE YOU DIE«

Zeichenerklärung

Top 10
Das müssen Sie gesehen haben

Mein Potsdam
Lieblingsplätze der Autorin

Vista Point
Museen, Galerien, Architektur und andere Sehenswürdigkeiten

Kartensymbol: Verweist auf das entsprechende Planquadrat der ausfaltbaren Karte bzw. der Detailpläne im Buch.

Inspirationen zum Nachhören: „Dein Potsdam-Podcast"

Jeder liebt Geschichten. Vor allem aus einem Lieblingsort oder aus der eigenen Stadt. „Dein Potsdam-Podcast" ist eine Inspirationsquelle für alle, die Tipps und Anregungen rund um die gelungene Potsdam-Auszeit suchen.

Lausche Anekdoten aus der Zeit der Könige und Kammerdiener, spaziere durch die Potsdamer Parklandschaften und erfahre, welche Ecken du checken solltest!

Zu hören ist der „Dein Potsdam-Podcast" über Soundcloud, Spotify, Audio Now, Apple Podcast, iTunes und Google Podcast. Alle Episoden des Podcasts sowie noch mehr Geheimtipps und Lieblingsorte gibt es auf

deinpotsdam.de

Willkommen in Potsdam

Hätten die preußischen Könige reisen können, wie wir es heute tun, würde es Potsdam so vielleicht nicht geben. Denn es war die Sehnsucht nach unerreichbaren fernen Ländern und Kulturen, die bei den damaligen Baumeistern den Stift führte. Als Brandenburg noch eine raue, unwirtliche Gegend war, träumten sie – beziehungsweise ihre Auftraggeber – vom antiken Griechenland, von Rom, Paris, dem Orient oder dem England der Tudors und ließen sich entsprechend inspirieren. »... daß gantze Eylandt mus ein paradis werden«, schrieb Fürst Moritz von Nassau-Siegen bereits 1664 an den Großen Kurfürsten Friedrich Wilhelm, den er in Sachen Gartengestaltung und Architektur beriet. Und mit der von ihm ausgegebenen Losung »bauen, graben, pflanzen« begann die Entwicklung Potsdams zum preußischen Arkadien, an dem Generationen von Baumeistern und Landschaftsgestaltern mitwirkten.

Dabei war es keinesfalls nur Friedrich der Große, der die Stadt mit seinen Wünschen und Vorstellungen prägte. Auch seine Vorgänger und Nachfolger trugen mit ihrem jeweiligen Geschmack das Ihre zu dem Gesamtkunstwerk Potsdam bei, dessen Schlösser und Parks heute zum Welterbe der UNESCO gehören.

Wo sonst gibt es eine so geballte Ladung an prachtvollen Bauten wie Kirchen, Stadtpalais und Villen in Kombination mit so großzügigen Parkanlagen, die wunderbar in die havelländische Seenlandschaft eingebettet sind? Sie beschert der Landeshauptstadt des Bundeslands Brandenburg eine überdurchschnittlich hohe Lebensqualität, die immer mehr Menschen anzieht. Zudem ist Potsdam keineswegs in der Vergangenheit stehen geblieben. Heute ist es ein lebendiger Wissenschaftsstandort mit mehreren Hochschulen und Forschungseinrichtungen, in dem es neben Schlössern und Parks auch interessante Museen und Galerien sowie nette Lokale und Kleinkunstbühnen zu entdecken gibt.

Nach dem Vorbild römischer Triumphbögen errichtet: das Brandenburger Tor am Luisenplatz

Stadt der Könige

Potsdam

Potsdam, Brandenburg

Er schaffte die Folter ab, verkündete die Religionsfreiheit, reformierte das Landrecht, führte die Kartoffel ein und machte Potsdam mit seinen Schlössern und Gärten zu einer einzigartigen Metropole der schönen Künste.

Preußens glanzvollem König Friedrich II., mit dem Beinamen »der Große«, liebevoll der »Alte Fritz« genannt, verdankt Potsdam sein Gesicht. Zahlreiche Schlösser und Gärten sind auf sein Geheiß entstanden, darunter sein Meisterstück: Schloss Sanssouci. Die prachtvolle Sommerresidenz, im Rokokostil erbaut, wird auch heute noch als das »Versailles des Nordens« bezeichnet.

Aber auch andere Bauherren aus dem Geschlecht der Hohenzollern waren in Potsdam aktiv, sie holten die besten Architekten, Landschaftsplaner und Kunsthandwerker ihrer Zeit nach Potsdam. Deren kunstvolle Hände formten die Schlösser, Parks und Gärten der preußischen Herrscher. An besonders reizvollen Aussichtspunkten der Stadt ließen sie Gebäude errichten. So entstanden u.a. das Belvedere auf dem Pfingstberg und das Belvedere auf dem Klausberg.

Vom Wasser aus hat man einen schönen Blick auf das Potsdamer Stadtschloss und die Nikolaikirche.

Genauso sehenswert wie die Schlösser von Potsdam sind ihre Gärten. Der Bonner Landschaftskünstler und Gartenarchitekt Peter Joseph Lenné vollbrachte im 19. Jahrhundert das gestalterische Kunststück, die Anlagen von Sanssouci mitten in Potsdam bis zur Pfaueninsel in Berlin zu einer einheitlichen Gartenlandschaft zu verbinden. Besucher können hier nach Herzenslust auf Alleen, in Rosengärten oder durch den von Mittelmeerpflanzen geprägten Sizilianischen Garten spazieren, sich an der Blütenpracht barock gestalteter Anlagen erfreuen, durch kleine Wälder streifen und an kunstvollen Wasserarkaden oder an »natürlich« gestalteten Teich- und Wasserläufen entlanglaufen.

Seit 1990 gehören die Schlösser, Gärten und Parks der Potsdamer Kulturlandschaft mit etwa 150 historischen Gebäuden und 500 Hektar Parkanlagen zum UNESCO-Welterbe.

Aber auch das Zentrum mit Nikolaikirche, Brandenburger Straße und Nauener Tor – um nur einen Bruchteil zu nennen – ist sehenswert und beschert der Stadt neben Touristenströmen auch eine überdurchschnittlich hohe Beliebtheit: Potsdam wächst so schnell wie nie.

Info: Potsdam liegt an der südwestlichen Grenze von Berlin. **Info Potsdam:** Tourist Informationen im Hauptbahnhof und Am Alten Markt, Potsdam, Tel. (0331) 27 55 88 99, www.potsdamtourismus.de. **Info Stiftung Preussische Schlösser und Gärten Berlin-Brandenburg:** Besucherzentrum an der Historischen Mühle, An der Orangerie 1, 14469 Potsdam, Tel. (03 31) 969 42 00, www.spsg.de.

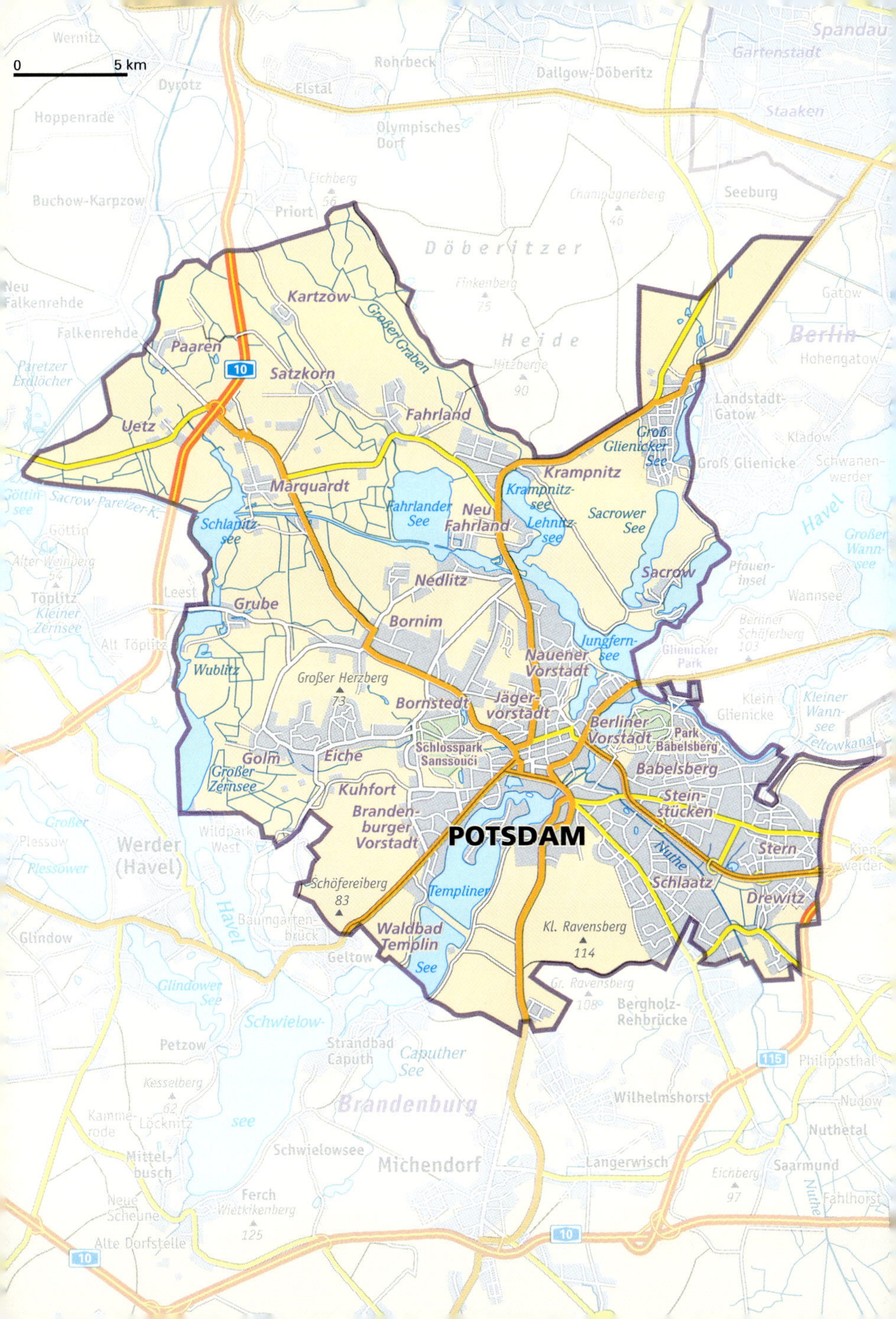

0
5 km
Wernitz
Rohrbeck
Dallgow-Döberitz
Spandau
Gartenstadt
Staaken
Dyrotz
Elstal
Hoppenrade
Olympisches Dorf
Eichberg 56
Buchow-Karpzow
Priort
Champagnerberg 46
Seeburg
Döberitzer
Heide
Finkenberg 75
Hitzberge 90
Neu Falkenrehde
Falkenrehde
Kartzow
Großer Graben
Gatow
Berlin
Hohengatow
Paaren
10
Satzkorn
Paretzer Erdlöcher
Fahrland
Landstadt-Gatow
Uetz
Groß Glienicker See
Kladow
Krampnitz
Groß Glienicke
Schwanenwerder
Marquardt
Göttinsee
Sacrow-Paretzer-K.
Fahrlander See
Neu Fahrland
Krampnitzsee
Lehnitzsee
Sacrower See
Havel
Großer Wannsee
Schlänitzsee
Göttin
Alter Weinberg 54
Nedlitz
Sacrow
Pfaueninsel
Töplitz
Leest
Kleiner Zernsee
Grube
Bornim
Wannsee
Berliner Schäferberg 103
Alt Töplitz
Wublitz
Jungfernsee
Glienicker Park
Nauener Vorstadt
Großer Herzberg 73
Bornstedt
Jägervorstadt
Klein Glienicke
Kleiner Wannsee
Berliner Vorstadt
Park Babelsberg
Teltowkanal
Schlosspark Sanssouci
Golm
Eiche
Großer Zernsee
Babelsberg
Kuhfort
Steinstücken
Großer Plessow
Werder (Havel)
Wildpark West
Brandenburger Vorstadt
POTSDAM
Plessower
Stern
Kleinwerder
Nuthe
Schöfereiberg 83
Templiner
Schlaatz
Drewitz
Glindow
Baumgartenbrück
Havel
Waldbad Templin
Kl. Ravensberg 114
Geltow
See
Glindower See
Gr. Ravensberg 108
Bergholz-Rehbrücke
Schwielow-
Petzow
Strandbad Caputh
Caputher See
115
Philippsthal
Kesselberg 62
Brandenburg
Wilhelmshorst
Nudow
Kammerode
Löcknitz
see
Nuthetal
Mittelbusch
Schwielowsee
Michendorf
Langerwisch
Eichberg 97
Saarmund
Ferch
Neue Scheune
Wietkikenberg 125
Nuthe
Fahlhorst
10
Alte Dorfstelle
10

Top 10: Das müssen Sie gesehen haben

1 Museum Barberini
S. 16, 95 ff. ➡ F8
Eine der neueren Attraktionen ist das Kunstmuseum am Alten Markt. Im Nachbau des 1945 zerstörten klassizistisch-barocken Palastes werden wechselnde Ausstellungen ersten Ranges gezeigt.

2 Nikolaikirche
S. 16, 133 f. ➡ F8
Wahrzeichen Potsdams ist die schon von Weitem sichtbare Kirche. Der römische Petersdom diente Baumeister Karl Friedrich Schinkel als Vorbild.

3 Gedenkstätte Lindenstraße
S. 20, 91 f. ➡ E7
Die Gedenkstätte erinnert daran, dass hier während der Nazizeit und in der DDR politische Gefangene inhaftiert waren.

4 Holländisches Viertel
S. 20, 21, 93, 173 ➡ D/E8/9
Ein Backsteinidyll aus dem 18. Jahrhundert, in dem sich auch wunderbar einkaufen und speisen lässt.

5 Schloss und Park Sanssouci
S. 22 ff., 107 ff. ➡ C–F2–6
Wer nach Potsdam kommt, muss den Park mit dem Lieblingsschloss Friedrichs des Großen, der zum Weltkulturerbe der UNESCO gehört, gesehen haben.

6 Neuer Garten
S. 36 ff., 115 ff. ➡ A–C9/10
Landschaftsgarten im englischen Stil, der mit Bauwerken wie dem klassizistischen Marmorpalais sowie Schloss Cecilienhof aufwartet.

7 Belvedere auf dem Pfingstberg
S. 39, 120 f. ➡ A8
Das Lustschloss im Stil italienischer Renaissancevillen mit Doppelturm und Kolonnaden bietet einen schönen Ausblick.

8 Russische Kolonie Alexandrowka
S. 40 ff., 95, 119, 134 ➡ B/C8
Ein besonders exotisches Stück Potsdam, bestehend aus dreizehn Blockhäusern samt Kirche und Museum, das zum Welterbe der UNESCO gehört.

9 Filmpark Babelsberg
S. 50, 185, 186 ➡ H16
Direkt neben dem Studio Babelsberg lädt der Filmpark Babelsberg dazu ein, die Welt des Films auf eigene Faust zu erkunden.

10 Glienicker Brücke
S. 60, 128, 129 ➡ B12
Als Ort für den Agentenaustausch während des Kalten Kriegs machte die Brücke über die Havel zwischen Berlin und Potsdam wie keine andere von sich reden. In der Mitte erinnert seit 2012 ein Metallband auf den Fußgängerwegen an den alten Grenzverlauf.

Mein Potsdam
Lieblingsplätze der Autorin

Liebe Leser,
dies sind einige wenige besondere Punkte dieser Stadt, an die ich immer wieder gern zurückkehre. Eine spannende Zeit in Potsdam wünscht Ihnen

Ulrike Wiebrecht

Museumshaus »Im Güldenen Arm«
S. 20, 101 f. ➡ E7
In dem barocken Haus sind ein liebenswertes Museum mit Gebrauchskeramik und Ausstellungen zeitgenössischer Kunst zu sehen.

Pandoras Café
S. 38, 117, 159 ➡ C9
Träumen, lesen oder plaudern – dafür gibt es kaum einen schöneren Ort in Potsdam als das Sommer-Café in der Orangerie des Neuen Gartens.

Heilandskirche Sacrow
S. 63, 128 ff. ➡ aA3
Sich zwischen die Rundbögen neben dem Campanile setzen und den Blick über die Havel mit Segelbooten schweifen lassen – da kommen die Gedanken zur Ruhe.

Schloss Marquardt
S. 69 ➡ nördl. aA1
Schon Theodor Fontane schwärmte von dem Spukschloss. Heute ist der unrenovierte Koloss am Schlänitzsee eine beliebte Filmlocation und lockt mit einem wunderbaren Landschaftspark.

Einsteinturm
S. 124 ➡ südl. H9
Das Sonnenobservatorium von Erich Mendelsohn auf dem Telegrafenberg beeindruckt durch seine expressionistische Architektur.

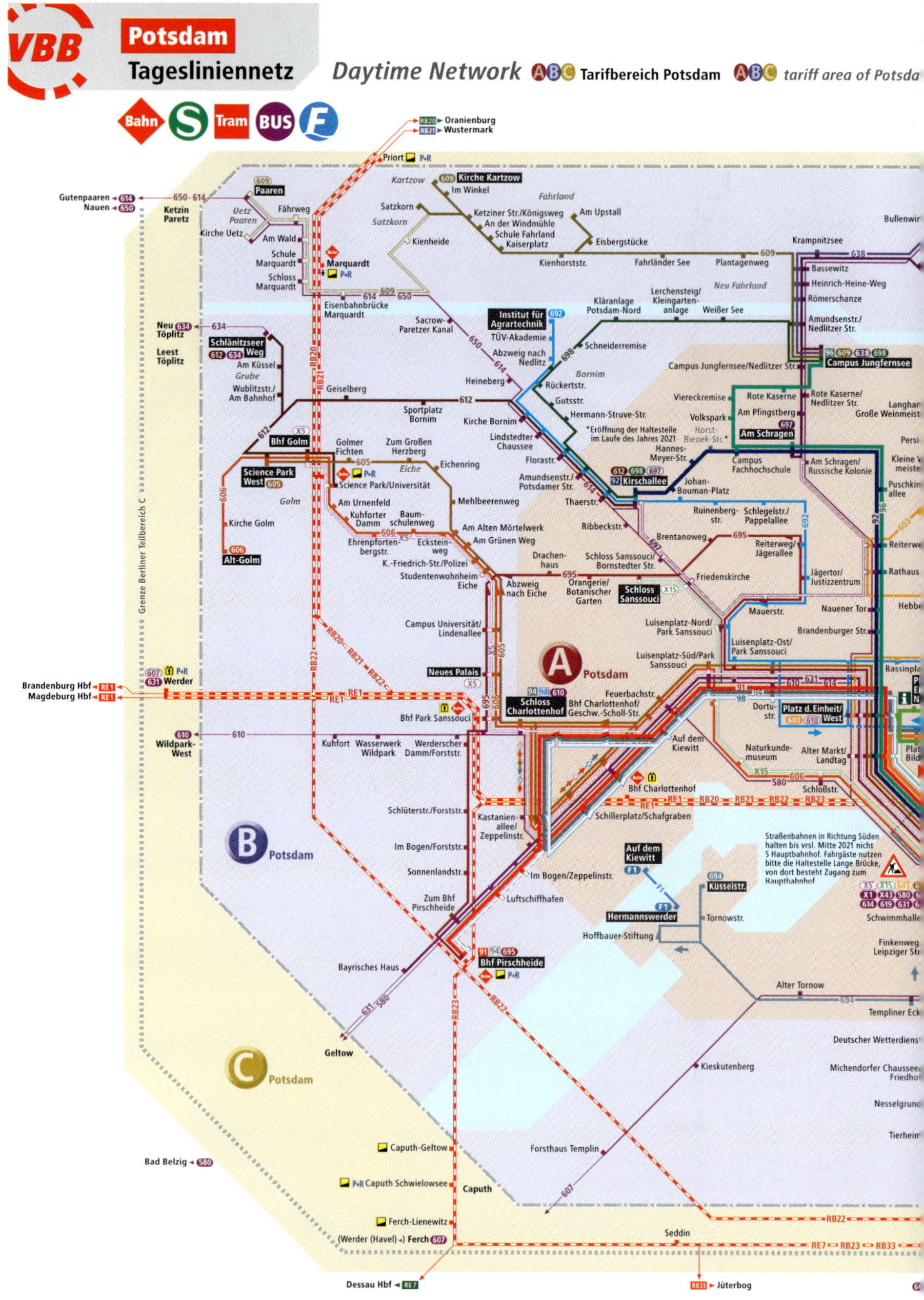
VBB
Potsdam
Tagesliniennetz
Daytime Network
Tarifbereich Potsdam
tariff area of Potsda
Bahn
Tram
BUS
Oranienburg
Wustermark
Priort
P+R
Gutenpaaren
Nauen
Ketzin Paretz
Paaren
Kirche Kartzow
Im Winkel
Kartzow
Fahrland
Satzkorn
Uetz Paaren
Fährweg
Kirche Uetz
Am Wald
Schule Marquardt
Schloss Marquardt
Marquardt
Kienheide
Ketziner Str./Königsweg
An der Windmühle
Schule Fahrland
Kaiserplatz
Am Upstall
Eisbergstücke
Kienhorststr.
Fahrländer See
Plantagenweg
Krampnitzsee
Bullenwir
Bassewitz
Heinrich-Heine-Weg
Römerschanze
Amundsenstr./ Nedlitzer Str.
Campus Jungfernsee
Campus Jungfernsee/Nedlitzer Str.
Neu Fahrland
Lerchensteig/ Kleingartenanlage
Weißer See
Kläranlage Potsdam-Nord
Eisenbahnbrücke Marquardt
Sacrow-Paretzer Kanal
Institut für Agrartechnik
TÜV-Akademie
Abzweig nach Nedlitz
Schneiderremise
Neu Töplitz
Leest Töplitz
Schlänitzseer Weg
Am Küssel
Grube
Wublitzstr./ Am Bahnhof
Geiselberg
Heineberg
Bornim
Rückertstr.
Gutsstr.
Hermann-Struve-Str.
Sportplatz Bornim
Kirche Bornim
Lindstedter Chaussee
Viereckremise
Volkspark
Rote Kaserne
Am Pfingstberg
Am Schragen
Rote Kaserne/ Nedlitzer Str.
Langhar
Große Weinmeist
*Eröffnung der Haltestelle im Laufe des Jahres 2021
Horst-Bienek-Str.*
Hannes-Meyer-Str.
Campus Fachhochschule
Am Schragen/ Russische Kolonie
Bhf Golm
Golmer Fichten
Zum Großen Herzberg
Eiche
Eichenring
Florastr.
Kirschallee
Johan-Bouman-Platz
Science Park West
Science Park/Universität
Golm
Am Urnenfeld
Kuhforter Damm
Baumschulenweg
Mehlbeerenweg
Amundsenstr./ Potsdamer Str.
Thaerstr.
Ruinenbergstr.
Schlegelstr./ Pappelallee
Kirche Golm
Ehrenpfortenbergstr.
Ecksteinweg
Am Alten Mörtelwerk
Am Grünen Weg
Ribbeckstr.
Brentanoweg
Reiterweg/ Jägerallee
Alt-Golm
K.-Friedrich-Str./Polizei
Studentenwohnheim Eiche
Drachenhaus
Schloss Sanssouci/ Bornstedter Str.
Friedenskirche
Jägertor/ Justizzentrum
Abzweig nach Eiche
Orangerie/ Botanischer Garten
Schloss Sanssouci
Mauerstr.
Nauener Tor
Campus Universität/ Lindenallee
Luisenplatz-Nord/ Park Sanssouci
Brandenburger Str.
Luisenplatz-Ost/ Park Sanssouci
Luisenplatz-Süd/Park Sanssouci
Grenze Berliner Teilbereich C
Werder
Brandenburg Hbf
Magdeburg Hbf
Neues Palais
Potsdam
Feuerbachstr.
Schloss Charlottenhof
Bhf Charlottenhof/ Geschw.-Scholl-Str.
Dortustr.
Platz d. Einheit/ West
Bassinpla
Bhf Park Sanssouci
Wildpark-West
Kuhfort
Wasserwerk Wildpark
Werderscher Damm/Forststr.
Auf dem Kiewitt
Naturkundemuseum
Alter Markt/ Landtag
Bhf Charlottenhof
Schloßstr.
Schlüterstr./Forststr.
Kastanienallee/ Zeppelinstr.
Schillerplatz/Schafgraben
Im Bogen/Forststr.
Auf dem Kiewitt
Straßenbahnen in Richtung Süden halten bis vrsl. Mitte 2021 nicht S Hauptbahnhof. Fahrgäste nutzen bitte die Haltestelle Lange Brücke, von dort besteht Zugang zum Hauptbahnhof.
Sonnenlandstr.
Im Bogen/Zeppelinstr.
Kusselstr.
Zum Bhf Pirschheide
Luftschiffhafen
Hermannswerder
Tornowstr.
Schwimmhalle
Hoffbauer-Stiftung
Finkenweg Leipziger Str
Bhf Pirschheide
Bayrisches Haus
Alter Tornow
Templiner Eck
Deutscher Wetterdiens
Geltow
Kieskutenberg
Michendorfer Chaussee Friedho
Nesselgrund
Potsdam
Tierheim
Caputh-Geltow
Forsthaus Templin
Bad Belzig
Caputh Schwielowsee
Caputh
Ferch-Lienewitz
(Werder (Havel) ◂) Ferch
Seddin
Dessau Hbf
Jüterbog

Legende *Legend*

- Straßenbahnlinie mit Haltestelle, Haltestelle nur in Pfeilrichtung und Endhaltestelle – *Tram line with stop, stop in direction of arrow only and final stop*
- Stadtbuslinie mit Haltestelle, Haltestelle nur in Pfeilrichtung und Endhaltestelle – *City bus line with with stop, stop in direction of arrow only and final stop*
- Streckenabschnitt, Haltestelle und Endhaltestelle werden nur zeitweise bedient. – *Line, station and terminal with restricted service.*
- Regionalbuslinie mit Haltestelle, Haltestelle nur in Pfeilrichtung und Endhaltestelle – *Regional bus line with stop, stop in direction of arrow only and final stop*
- AirportShuttle, zuschlagpflichtig – *AirportShuttle, subject to surcharge*
- Fährlinie mit Anlegestelle – *Ferry line with landing stage*
- Linie des Bahn-Regionalverkehrs mit Bahnhof und Endbahnhof – *Regional train line with station and terminal station*
- S-Bahn-Linie mit Bahnhof und Endbahnhof – *S-Bahn line with station and terminal station*
- Regionalbahnhof – *Regional train station*
- Fernbahnhof – *Long-distance railway station*
- Barrierefreier Zugang/Aufzug – *Entrance barrier-free/Lift*
- Zugang zum Bahnhof über Rampe – *Entrance via ramp to the station*
- P+R Park & Ride-Möglichkeit – *Options to Park & Ride*

Information

Verkehrsverbund Berlin-Brandenburg GmbH
(030) 25 41 41 41

Verkehrsbetrieb Stadtwerke Potsdam

ViP Verkehrsbetrieb Potsdam GmbH
Fritz-Zubeil-Straße 96
14482 Potsdam
(0331) 66 14-0
www.vip-potsdam.de
Info-Telefon (0331) 66 14-275

ViP-Fundbüro
Betriebshof ViP
Fritz-Zubeil-Straße 96
Mo–Do 7.30–18.00 Uhr
Fr 7.30–16.00 Uhr
(0331) 66 14-555
ViP-Notruf (0331) 66 14-333

Havelbus Verkehrsgesellschaft mbH
Ludwig-Jahn-Straße 1
14641 Nauen
(03321) 82 83-100
www.havelbus.de

regiobus Potsdam Mittelmark GmbH
Brücker Landstraße 22
14806 Bad Belzig
(033841) 99-300
www.regiobus-pm.de

ViP-Kundenzentren *ViP customer service centers:*
mobiagentur Potsdam im Hauptbahnhof
in der WilhelmGalerie am Platz der Einheit

Tourist Information *Tourist information*

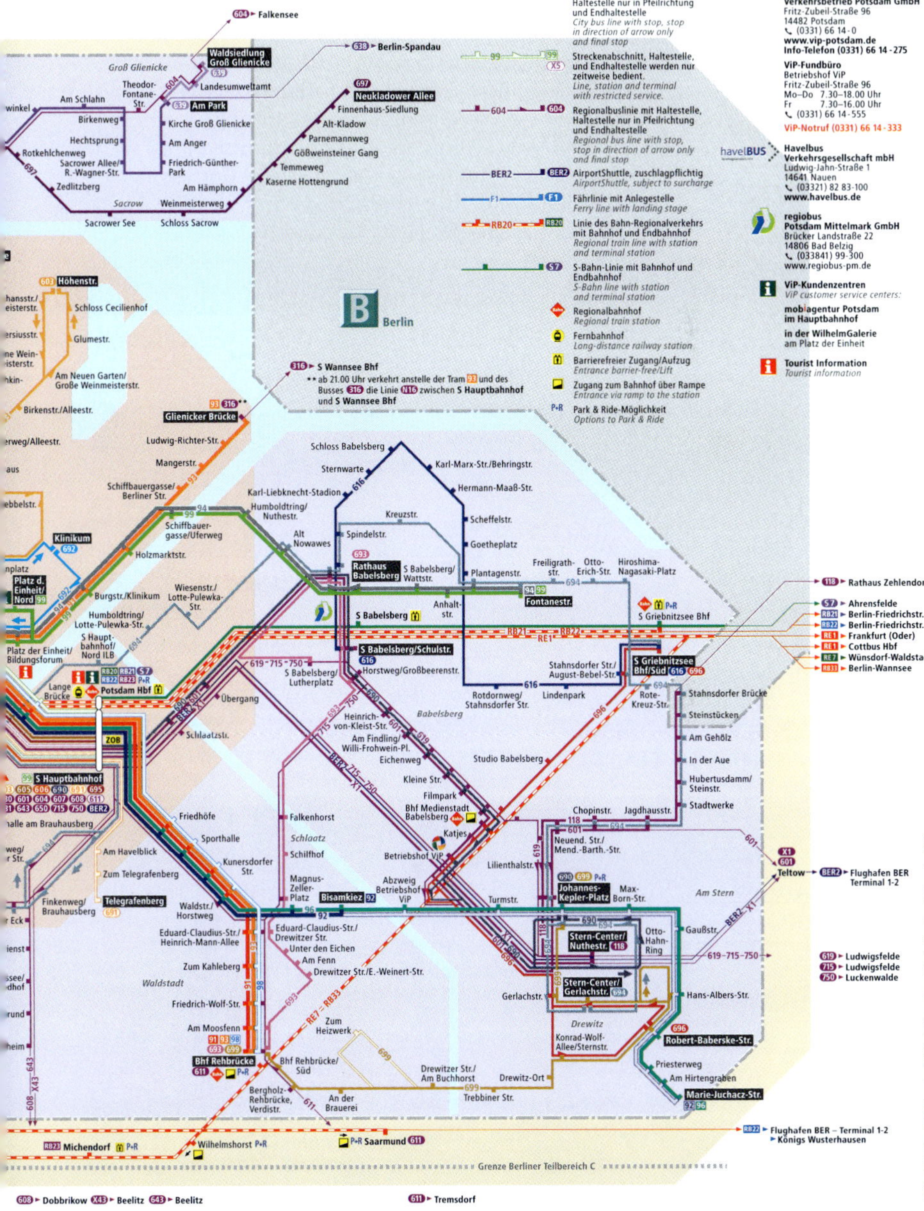

Gültig ab Valid as of: 13. Dezember 2020 **Redaktionsschluss** *Editorial deadline:* 26. November 2020
Herausgeber *Issuer:* Verkehrsverbund Berlin-Brandenburg GmbH

Vom Stadtschloss zum Holländischen Viertel

Hauptbahnhof – Alter Markt – Stadtschloss – Museum Barberini – Nikolaikirche – Altes Rathaus – Marstall – Neuer Markt – Haus der Brandenburgisch-Preußischen Geschichte – Stadtkanal – Nikolaisaal – Garnisonkirche – Brandenburger Tor – Brandenburger Straße – Holländisches Viertel – St. Peter und Paul – Nauener Tor.

Läuft man vom **Hauptbahnhof** ➡ F9 aus über die Lange Brücke in Richtung Stadtzentrum, sticht ein riesiger Barockbau ins Auge: das Potsdamer **Stadtschloss** ➡ F8.

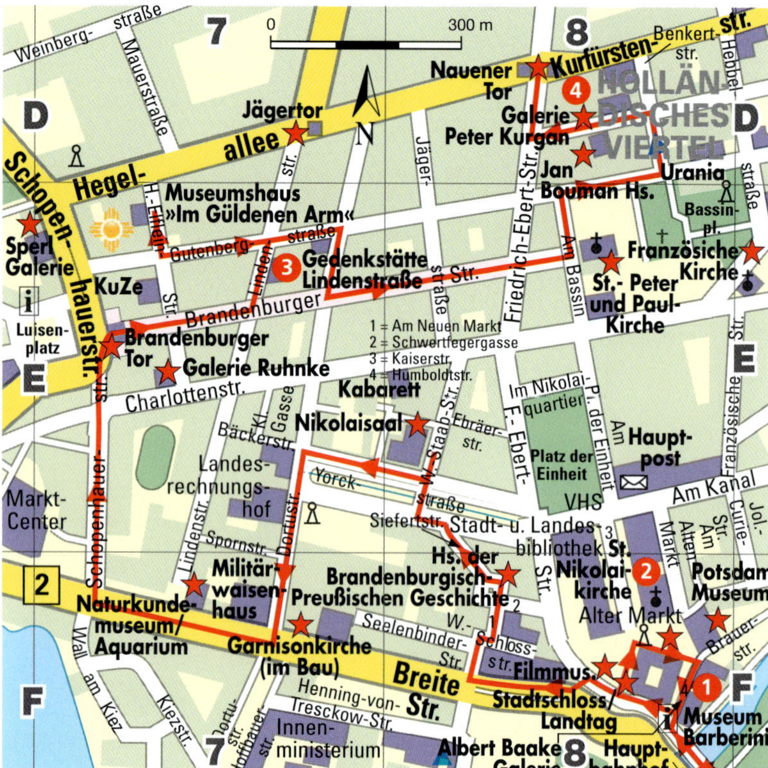

Blick auf den Süden von Potsdam mit Stadtschloss und Turmengel auf der Nikolaikirche

Auch wenn es seinem Vorgängerbau aus dem 18. Jahrhundert verblüffend ähnlich sieht – es ist eine der neuesten Errungenschaften der Stadt, die sich erst nach langen Kontroversen Mitte der 2000er Jahre dazu durchgerungen hat, das alte Hohenzollernschloss wieder aufzubauen. Nun schließt sich mit ihm die Wunde, die lange Zeit zwischen Altem Markt und dem gegenüberliegenden Hotel Mercure am Lustgarten klaffte. Denn das alte Stadtschloss war 1945 ausgebrannt und zu DDR-Zeiten abgerissen worden.

Im Mittelalter stand hier eine Burg, die die verschiedenen Kurfürsten immer weiter zum Schloss ausbauten. Als sich Friedrich III. 1701 zum König Friedrich I. in Preußen krönte, fügte er ihm ein neues Eingangstor hinzu, das charakteristische Fortunaportal mit der vergoldeten Glücksgöttin auf der Spitze. Sein Enkel Friedrich der Große wünschte sich im Zuge des Ausbaus von Potsdam zur Residenzstadt einen noch repräsentativeren Bau. So ließ er Georg Wenzeslaus von Knobelsdorff das Schloss zwischen 1744 und 1751 im Stil des friderizianischen Rokoko umgestalten. Im jetzigen Nachbau, der durch den massiven Einsatz einer Bürgerinitiative und von Sponsoren vorangetrieben wurde, ist inzwischen der Brandenburgische Landtag untergekommen. Das Knobelsdorff-Treppenhaus, das Foyer (Mo–Fr 8–18 Uhr) mit einem interaktiven Gebäudemodell, Cafeteria (Mo–Do 8–16, Fr 8–14 Uhr) und Dachterrasse sind ohne Voranmeldung öffentlich zugänglich.

Obelisk mit Medaillon von Georg Wenzeslaus von Knobelsdorff, im Hintergrund die Nikolaikirche

Der 16 Meter hohe **Obelisk** ➡ F8 aus Marmor und Sandstein mit Faksimiles von den vier bedeutenden

Potsdamer Baumeistern Knobelsdorff, Schinkel, Gontard und Persius, der zeitgleich mit dem Stadtschloss entstand und 1945 zerstört wurde, steht bereits seit Ende der 1970er Jahre wieder auf dem Platz.

Mit dem Stadtschloss hat der Alte Markt insgesamt ein ganz neues Gesicht bekommen. Während einige Gebäude aus DDR-Zeiten nach heftigen Kontroversen abgerissen wurden, ist gleich am Alte Fahrt genannten Ufer eines Havel-Arms zusammen mit den Palazzi Chiericati und Pompei auch das barocke Palais Barberini wiedererstanden. Dieses beherbergt das 1 **Museum Barberini** ➡ F8, inzwischen einer der wichtigsten Publikumsmagneten Potsdams. Von der Stiftung Hasso Plattner errichtet, zeigt es die umfangreiche Impressionismus-Sammlung des Software-Milliardärs sowie wechselnde Ausstellungen zu verwandten Themen.

Eine weiteres wichtiges Gebäude am Alten Markt ist die 2 **Nikolaikirche** ➡ F8, die auch ein Wahrzeichen der Stadt darstellt. Vorbild für die mächtige Hallenkirche, die 1830 nach einem Entwurf von Karl Friedrich Schinkel entstand, ist der Petersdom in Rom. Die quadratische Anlage schmückt ein Giebelvorbau mit sechs Säulen, auf dem Dach thront eine weithin sichtbare Kuppel. Im Inneren haben sich von den ursprünglichen Malereien der Christus als Weltenrichter mit den zwölf Aposteln in der Apsis sowie in der Kuppel die vier Propheten auf Goldgrund erhalten. Auch der von Schinkel entworfene Altar aus schwarzem Marmor mit hölzernem Baldachin ist noch zu sehen. Der quadratische Sakralbau wird nicht nur für Gottesdienste, sondern auch für zahlreiche Konzerte genutzt. Im Zweiten Weltkrieg wurde die Kirche schwer beschädigt und 1981 neu geweiht. Wer den Aufstieg auf die 42 Meter hohe Aussichtsplattform nicht scheut, wird mit einem wunderbaren Panoramablick auf Stadt und Umgebung belohnt.

Gegenüber der Kirche steht mit dem **Alten Rathaus** ➡ F8 ein weiterer Bau aus der Zeit Friedrichs des Großen, den zwischen 1753 und 1755 Jan Bouman und Carl Ludwig Hildebrandt errichteten. Ihm liegt eine Zeichnung des Baumeisters Andrea Palladio für einen Palazzo in Vicenza zugrunde. Dementsprechend schmücken die Fassade sieben korinthische Kolossalsäulen, darüber erheben sich überlebensgroße Skulpturen und ein Turm mit Treppengiebel, der eine goldene Atlasfigur trägt.

Detail an der Fassade der Nikolaikirche

Im Inneren der Nikolaikirche

Wesentlich schlichter, aber ebenfalls schön anzusehen ist das benachbarte **Knobelsdorffhaus** ➡ F8, dessen Fassade Karyatiden und Giebelfiguren von Friedrich Glume und Johann Peter Benkert zieren. In beiden Gebäuden rollt das **Potsdam Museum** mit einer sehr gelungenen Dauerausstellung sowie weiteren Schauen die Potsdamer Stadtgeschichte auf, ergänzt durch Sonderausstellungen zu Kunst und Kultur der Region.

Das einzige Gebäude, das die Zeit mehr oder weniger unbeschadet überdauert hat, ist der barocke **Marstall** ➡ F8 westlich vom Stadtschloss. 1685 als Orangerie entstanden wurde er später zum Reitpferdestall des Soldatenkönigs umfunktioniert und unter Friedrich dem Großen von dessen Baumeister von Knobelsdorff weiter verschönert. Inzwischen beherbergt der stattliche Bau Deutschlands ältestes **Filmmuseum**. Zum Fundus gehören 500 Originalkostüme und -requisiten bekannter Filme, die von 1912 an in den Babelsberger Filmstudios gedreht wurden. Ihn ergänzt ein anspruchsvolles Ausstellungs- und Filmprogramm.

Vom Filmmuseum sind es nur ein paar Schritte zum **Neuen Markt** ➡ F8, der als einer der schönsten Barockplätze Europas gilt. Nicht nur Institutionen aus Wissenschaft, Forschung und Kultur sind hier zu Hause, es haben sich auch allerlei Lokale angesiedelt, in denen es sich schön und gut speisen lässt. Als Marktplatz wurde der Neue Markt ohnehin nie genutzt. Stattdessen bestand er aus Wirtschaftsgebäuden für Pferde, Wagen und Kutschen. Mittelpunkt ist der von Johann Gregor

Memhardt erbaute Kutschstall, den Hofbaumeister Andreas Ludwig Krüger Ende des 18. Jahrhunderts mit einem triumphbogenartigen Portal samt Quadriga versah. In ihm ist mit dem **Haus der Brandenburgisch-Preußischen Geschichte** ➡ F8 ein lebendiges Forum für die Beschäftigung mit der Geschichte des Bundeslandes untergekommen. In Ausstellungen und vielfältigen Vermittlungsangeboten werden Themen wie die Geschichte der Frauen oder bedeutender Persönlichkeiten der Region aufgegriffen.

Hinter dem Neuen Markt ist vor einigen Jahren mithilfe von Spenden der alte, zugeschüttete **Stadtkanal** ➡ E7/8 wieder hergestellt worden, der in ferner Zukunft auch wieder dauerhaft geflutet werden könnte. Auf der anderen Seite des Kanals gelangt man in das Gebiet der barocken Stadterweiterungen. Zur Zeit Friedrichs II. wurden die eingeschossigen Typenhäuser, die sein Vater hatte erbauen lassen, mit einem weiteren Stockwerk und allerlei schmückenden Elementen versehen, während an den Rückseiten oft gespart wurde. Besonders schön ist das Gebäude in der Wilhelm-Staab-Straße 10, in dem sich der von 1830 bis 1849 nach Plänen Schinkels entstandene **Nikolaisaal** ➡ E8, Potsdams schönster Konzertsaal, versteckt.

Ein Stück weiter südwestlich, an der Breiten, Ecke Dortustraße, soll die frühere **Garnisonkirche** ➡ F7 wieder aufgebaut werden. Von Philipp Gerlach zwischen 1730 und 1735 errichtet war sie ein Hauptwerk des preußischen Barock. Große Bedeutung hatte sie auch

Der barocke Bau des einstigen Marstalls beherbergt heute Deutschlands ältestes Filmmuseum

Ursprünglich als Graben zur Entwässerung der sumpfigen Gebiete Potsdams angelegt: der Stadtkanal

deshalb, weil sich hier die Gruft von Friedrich Wilhelm I. und Friedrich dem Großen befand und sie 1817 Ort der Vereinigung von Reformierten und Lutheranern war. Nachdem sie 1945 zur Ruine ausgebrannt war, sprengte man sie 1968, sodass nur die Fundamente übrig blieben. Seit der Wende setzen sich zahlreiche Bürger mit Spenden für einen Wiederaufbau ein. Doch der ist ebenso umstritten wie das bereits wiederhergestellte Glockenspiel, das Carillon, das eine fragwürdige Inschrift enthält (und deshalb nicht mehr erklingt). Abgesehen davon, dass die Kirche, in der am 21. März 1933 Reichskanzler Adolf Hitler und Reichspräsident Paul von Hindenburg an den Gräbern der preußischen Könige zusammenkamen, für viele ein fragwürdiges Symbol des Militarismus darstellt, müsste für ihren Neubau das benachbarte **Rechenzentrum** weichen, das sich inzwischen zu einem wichtigen Kreativstandort entwickelt hat.

Nicht weit davon entfernt hat bürgerschaftliches Engagement dazu beigetragen, dass auf dem von Karl von Gontard um 1771 mitgestalteten, prunkvollen **Militärwaisenhaus** ➡ F7 wieder eine Caritas-Figur den von Säulen getragenen, filigranen Turmaufsatz krönt – ein strahlender Blickpunkt inmitten der Häuserlandschaft. Während noch ein Stück weiter westlich das **Naturkundemuseum** ➡ F7 im sehenswerten »Ständehaus der Zauche« mit Aquarium und verschiedenen Ausstellungen zur Tierwelt Brandenburgs lockt, bildet weiter nördlich der Luisenplatz den westlichen Abschluss der barocken Stadterweiterung. Markantestes Gebäude ist das **Brandenburger Tor** ➡ E7, das die Architekten Carl von Gontard und Georg Christian Unger 1770 nach dem Vorbild römischer Triumphbögen errichteten. Hier nimmt die **Brandenburger Straße** ➡ E7/8, die Haupteinkaufsmeile Potsdams, ihren Anfang.

Die ③ **Gedenkstätte Lindenstraße** ➡ E7 in der gleichnamigen Straße im Haus Nr. 54 fällt im geschäftigen Treiben der Innenstadt nicht sofort auf. Sie erinnert daran, dass hier während des Zweiten Weltkriegs NS-Gefangene und später die des sowjetischen Geheimdienstes und der DDR gefoltert wurden.

Zwei Straßen weiter, in der Hermann-Elflein-Str. 3, hat ein besonderes Kleinod die Zeit überdauert: das älteste original restaurierte Gebäude der zweiten Potsdamer Stadterweiterung beherbergt als **Museumshaus »Im Güldenen Arm«** ➡ E7 eine Dauerausstellung mit Gebrauchskeramik und Wechselausstellungen zeitgenössischer Künstler.

Die Brandenburger Straße führt zur Pfarrkirche **St. Peter und Paul** ➡ E8 am **Bassinplatz.** Mit ihrem byzantinisch-romanischen Stil, in den sich auch klassizistische Elemente mischen, ist der um 1870 vollendete katholische Sakralbau typisch für den damaligen Eklektizismus. Ein Stück weiter steht die **Französische Kirche,** die Friedrich der Große um 1752 für die aus Frankreich geflohenen Hugenotten nach dem Vorbild des römischen Pantheons errichten ließ.

Mit St. Peter und Paul kontrastiert das angrenzende ④ **Holländische Viertel** ➡ D/E8/9, das ein besonders liebenswertes Stück Potsdam ist, mit hübschen Geschäften, Cafés und Restaurants. Das Viertel geht auf den Soldatenkönig Friedrich Wilhelm I. zurück, der die Straßenzüge mit roten Backsteinhäusern im niederländischen Stil für die Handwerker errichten ließ, die er aus dem Nordwesten Hollands anwarb. Dabei war ihm der ebenfalls aus Holland stammende Schiffbaumeister Jan Bouman behilflich. In seiner 44-jährigen Dienstzeit schuf er etwa 300 das Stadtbild prägende Wohn- und Geschäftshäuser, Manufakturen, Mühlen und Plätze. Mehr über ihn und das Viertel ist im 1735 entstandenen **Jan Bouman Haus** ➡ D8 mit wechselnden Ausstellungen zu erfahren.

Neben dem Holländischen Viertel bildet schließlich das **Nauener Tor** ➡ D8 den nördlichen Abschluss der Innenstadt. Für das im Stil der Neugotik gebaute Stadttor lieferte Friedrich II. höchstpersönlich 1755 die Skizze. Mit vielen Lokalen rundum, dem alteingesessenen Café Heider und dem Markt am Mittwoch und Samstag ist es ein beliebter Treffpunkt.

Das von Cafés gesäumte Nauener Tor ist ein beliebter Treffpunkt

Backsteinbauten und geschwungene Giebel

Holländisches Viertel

Potsdam, Brandenburg

Eigentlich sollten mit den Luxuswohnungen erfahrene niederländische Handwerker und Künstler in die Stadt gelockt werden. Der Alte Fritz beauftragte den Architekten Johann Bouman mit diesem strategischen Projekt. Doch als das erhoffte Resultat ausblieb, zogen französische und preußische Handelsvertreter und Soldaten in die zweistöckigen Giebelhäuser im Zentrum von Potsdam.

Das von 1732 bis 1742 erbaute Holländische Viertel ist das größte geschlossene holländische Bauensemble außerhalb der Niederlande und gehört heute neben den Schlössern von Sanssouci zu den bedeutendsten Sehenswürdigkeiten der einstigen Hohenzollern-Residenz. 134 Häuser aus rotem Backstein stehen in vier Karrees, alle haben einen mützenartigen Giebel, die Fensterrahmen sind allesamt weiß und die Portale mit kunstvollen Ornamenten versehen: Wer das Stadtviertel besucht, fühlt sich ins vorletzte Jahrhundert zurückversetzt, wähnt sich gar in Amsterdam und kann hier vortrefflich flanieren.

Zu DDR-Zeiten verfielen die Bauten, sogar ein Abriss des Viertels drohte. Nach der Wende wurde es aufwendig und sorgsam restauriert. Das Ergebnis, eine gefällige Mischung aus Wohnungen, Läden, Werkstätten, Ausstellungen, Galerien, Bars, Restaurants und Cafés, hat das Viertel zum Touristenmagneten gemacht. Insbesondere das Käsekuchencafé »Guam«, das »Poffertjes en Pannekoeken« und das »La Maison du Chocolat« ziehen süße Schleckermäuler an. Über die Geschichte des Viertels und seines Baumeisters informiert ein kleines Museum, das Jan Bouman Haus in der Mittelstraße.

Den südlichen Abschluss des gemütlichen Quartiers bildet der Bassinplatz. Wo früher ein Sumpf war, kaufen die Potsdamer heute auf dem Markt Frisches aus der Region ein.

Dachgiebel im Holländischen Viertel.

Hier lohnt auch ein Besuch der von August Stüler entworfenen Kirche St. Peter und Paul. Zum Töpfermarkt im September und zum holländischen Weihnachtsmarkt mit original niederländischem Sinterklaas herrscht reichlich Trubel in dem idyllischen Viertel.

Info: Das Holländische Viertel liegt im Zentrum von Potsdam. **Info Holländisches Viertel:** http://hollaendisches-viertel.com. **Info Jan Bouman Haus:** Mittelstr. 8, 14467 Potsdam, Tel. (03 31) 280 37 73, https://jan-bouman-haus.de, Mo–Fr 13–18, Sa/So/Fei 11–18 Uhr, Eintritt € 3 ermäßigt € 2, bis 12 J. frei. **Info Café Guam:** Mittelstr. 38, Potsdam, www.cafe-guam.de, tägl. ab 11 Uhr. **Info La Maison du Chocolat:** Benkertstr. 20, Potsdam, www.schokoladenhaus-potsdam.de, tägl. ab 10 Uhr. **Info Poffertjes en Pannekoeken:** Mittelstr. 32, Potsdam, www.poffertjes-en-pannekoeken.de, tägl. ab 12 Uhr.

Von Schloss zu Schloss durch den Park Sanssouci

Schloss Sanssouci – Bildergalerie – Neue Kammern – Historische Holländermühle – Orangerieschloss – Drachenhaus – Belvedere auf dem Klausberg – Neues Palais – Schloss Charlottenhof – Römische Bäder – Chinesisches Haus – Friedenskirche.

Ein Ort der Sorglosigkeit sollte es sein – dieses Sanssouci, das wörtlich übersetzt »ohne Sorge« heißt. Ein Ort, an dem man den Alltag vergisst, sich der Muße hingibt, mit Musik, Literatur und Philosophie beschäftigt, nebenbei ein bisschen Wein anpflanzt und inmitten von

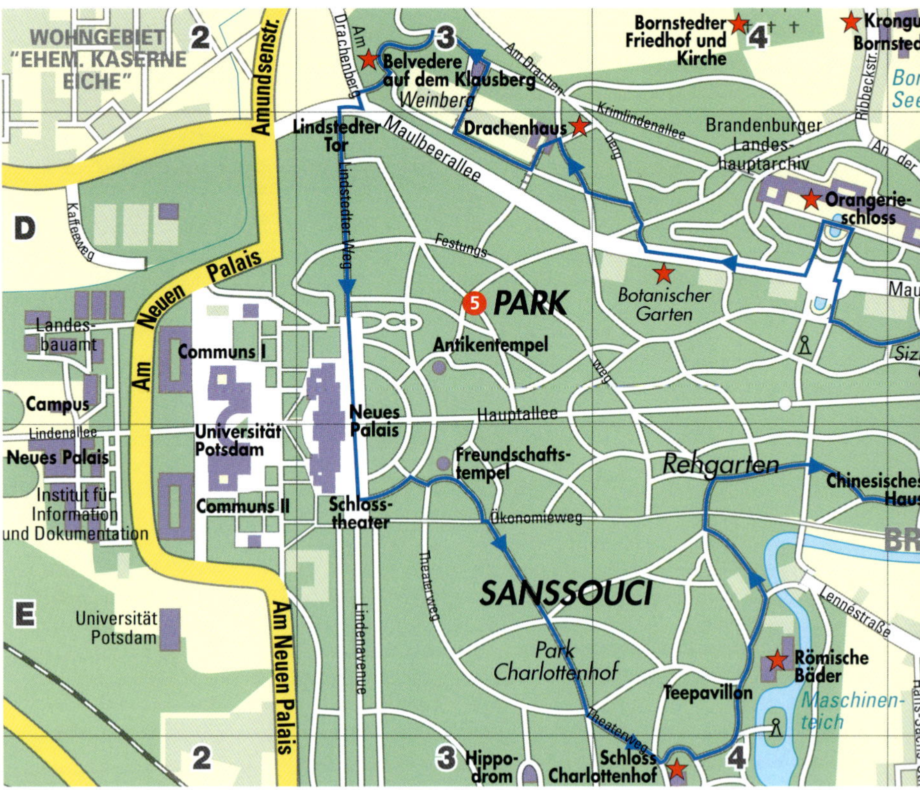

Freiwilliger Parkeintritt

Die Erhaltung der einmaligen, zum Welterbe der UNESCO gehörenden Parklandschaft hat ihren Preis, deshalb sollten Besucher nach ihren Möglichkeiten dazu beizutragen. An den unterschiedlichen Parkeingängen stehen dafür Automaten bereit, an denen man den freiwilligen Parkeintritt von € 2 entrichten kann. Wer häufiger kommt, kann auch die Jahreskarte Parks & Gärten zum Preis von € 12 erwerben. Blumen und Pflanzen werden es Ihnen danken. Die Tickets gelten für alle Parks der Stiftung Schlösser und Gärten. Der Park Sanssouci ist ganzjährig von morgens 8 Uhr bis zum Einbruch der Dunkelheit geöffnet.

Die dekorative Marmorgruppe »Sphinx und Putto« bewacht den Eingang der Allee nach Sanssouci

barocken Grünanlagen herumspaziert. So erträumte es sich Friedrich der Große, als er den 5 **Park Sanssouci** ➡ C–F2–6 ab 1744 anlegen ließ. Und so kann man die 290 Hektar große Gartenanlage auch heute noch erleben. Während man durch die Alleen wandelt, tauchen immer wieder Schlösser auf – eine architektonische Perle nach der anderen. Zunächst entwickelte sich der Park um die sechs Weinbergterrassen herum, die mitsamt barocken Blumenbeeten Schloss Sanssouci zu Füßen liegen. An ihnen vorbei führt die zwei Kilometer lange Hauptallee vom östlich gelegenen Obelisken zum Neuen Palais. Während sich im östlichen Teil Zier- und Nutzgärten, Fontänen und von Skulpturen gesäumte Rondelle aneinanderreihen, ist der westlich gelegene Rehgarten von Wiesen und Waldstücken geprägt. Hier ließ der Nachfolger Friedrichs des Großen, Friedrich

Schloss Sanssouci, die Sommerresidenz Friedrichs II. von Preußen: »Quand je serai là, je serai sans souci« (Wenn ich da sein werde, werde ich ohne Sorge sein)

Wilhelm II., gegen Ende des 18. Jahrhunderts die barocke Anlage im Stil eines sentimentalen Landschaftsgartens überformen. Ein weiteres Stück Gartenlandschaft steuerte schließlich Peter Joseph Lenné im Auftrag von Friedrich Wilhelm IV. mit dem Park Charlottenhof bei.

Für den vorgeschlagenen Rundgang durch das ausgedehnte Wegenetz sollte man etwa zweieinhalb Stunden und auch genügend Zeit einplanen, um das eine oder andere Schloss zu besichtigen.

Am besten beginnt man am 5 **Schloss Sanssouci** ➡ D5/6, dem Lieblingsschloss Friedrichs des Großen. Zunächst ließ dieser, als er 1740 König von Preußen wurde, auf dem sogenannten Wüsten Berg nordwestlich des Stadtzentrums einen Terrassengarten anlegen, um Pflaumen, Feigen und Wein anzubauen. Da ihm dieser so gut gefiel, wünschte er sich bald auch eine Sommerresidenz an dieser Stelle. So errichtete Georg Wenzeslaus von Knobelsdorff in nur zwei Jahren, von 1745 bis 1747, das Weinbergschloss im Stil des friderizianischen Rokoko.

Entstanden ist eher eine Art Musenhof als ein Prunkschloss. Doch der noch junge Monarch wollte hier auch nicht repräsentieren, sondern sich stattdessen abseits der steifen Etikette des Stadtschlosses vergnügen, Querflöte spielen, komponieren und sich mit Philosophie und Literatur beschäftigen. Erst später führte er von hier aus auch die Staatsgeschäfte. Er liebte Sanssouci mit seinem bezaubernden Schlosspark so sehr, dass er hier auch begraben werden wollte. Dieser Wunsch erfüllte sich erst 1991. Sein Grab befindet sich seitdem auf der obersten Weinberg-

Ganz in Gelb: das Voltairezimmer im Schloss Sanssouci

terrasse neben dem Schloss. Eine einfache Grabplatte markiert es. Einige Besucher legen Kartoffeln auf das Grab des »Kartoffelkönigs«, denn Friedrich der Große förderte den Anbau der damals noch unbekannten Kartoffeln in Preußen.

Betritt man die Vorhalle des Schlosses mit goldenen Stuckaturen, führt eine kleine Galerie mit französischer Malerei des 18. Jahrhunderts und einem Kamin mit Büsten der Meeresgötter Poseidon und Amphitrite in die kreisförmige Bibliothek, die eine wundervolle Zedernholztäfelung ausschmückt. Von da aus geht es ins Schlaf- und Arbeitszimmer des Alten Fritz. Neben Porträts der Königsfamilie ist hier auch der Sessel zu sehen, in dem Friedrich der Große am 17. August 1786 starb. Schönstes Rokoko dekoriert wiederum das Musikzimmer mit Gemälden von Antoine Pesne. Die philosophischen Tafelrunden fanden indessen im Marmorsaal statt, der von einem Kuppeldach gekrönt wird und sich zur Terrasse hin öffnet. Allegorische Figuren aus Stuck, die Musik, Architektur, Astronomie und Malerei verkörpern, bilden das Gegenstück zum prunkvollen Marmorfußboden. Weiteres Kleinod ist das Voltairezimmer: Ganz in Gelb gehalten macht es mit den hübschen Vogel- und Blumenmotiven an den Wänden einen besonders freundlichen Eindruck.

Die »Tafelrunde von Sanssouci« (Adolph v. Menzel, 1850, Original 1945 verbrannt): Friedrich der Große mit Voltaire und Mitgliedern der Preußischen Akademie der Wissenschaften

Das Schloss thront über dem terrassenartigen Weinberg, zu dessen Füßen die Große Fontäne Wasser versprüht. Außerdem verbinden reizvolle Sichtachsen das Gebäude mit künstlichen Ruinen, antiken Staffagen, einem Rosengarten und einem Dichterhain.

Ein Stück weiter östlich liegt die **Bildergalerie** ➡ D6. Von außen her wirkt Deutschlands ältester Museumsbau relativ schlicht. Umso prunkvoller ist sein Innenleben. Von 1755 bis 1764 wurde er nach Plänen von Johann Gottfried Büring erbaut, um die Gemäldesammlung Friedrichs des Großen aufzunehmen, und besteht aus nur einem einzigen lang gestreckten Raum. Der ist allerdings mit seiner überkuppelten Mitte, vergoldeten Ornamenten, Marmorfußböden und allerlei antiken und barocken Skulpturen so glanzvoll ausgeschmückt, dass es gar nicht all der Kunst bedurfte, um das Auge zu fesseln. Werke aus Hochrenaissance, Manierismus und Barock, vor allem italienische, niederländische und französische Meister sind zu bewundern, darunter Caravaggios »Ungläubiger Thomas« und van Dycks »Pfingstwunder«. Des Weiteren gehören sieben Werke von Peter Paul Rubens zur Dauerausstellung, außerdem Gemälde von Ciro Ferri, Jacob Jordaens, Gerard de Lairesse, Jan Lievens, Carlo Maratta und Thomas Willeboirts Bosschaert.

Über die Maulbeerallee gelangt man westlich von Schloss Sanssouci zum nächsten Schloss, den **Neuen Kammern** ➡ D5. Auch wenn es mit seinem unspektakulären Namen im Schatten des berühmten Nachbarn steht – bei näherem Hinsehen entpuppt es sich als wunderschöner Rokokobau. Von 1745 bis 1747 ebenfalls

Im Schatten von Sanssouci: Schloss Neue Kammern

Eine der bekanntesten Mühlen Deutschlands: die Holländermühle von Sanssouci

nach Entwürfen von Knobelsdorff erbaut war es ursprünglich als Orangerie geplant. Doch da bald Räumlichkeiten für Gäste und Festlichkeiten fehlten, widmete es Friedrich II. 1771 zum Wohngebäude um. Seine Pläne führten Karl von Gontard und vor allem Georg Christian Unger aus. Hinter der Fassade mit Nachbildungen von antiken Statuen aus Carrara-Marmor liegt ein quadratischer Mittelsaal, von dem zur einen Seite repräsentative Fest- und Empfangsräume, zur anderen Gästeapartments abzweigen. Sind alle Türen geöffnet, zeigt sich eine beeindruckende Raumfolge. Besonderer Blickfang ist der zentrale Jaspis-Saal, der mit edlen Steinen ausgekleidet und einem Deckengemälde mit Venusdarstellung ausgestattet ist. Schön anzusehen sind außerdem die Ovidgalerie mit Darstellungen der »Metamorphosen« auf vergoldeten Stuckreliefs und der Buffetsaal mit kostbaren Skulpturen.

Wer möchte, kann von hier aus noch einen Abstecher zur **Historischen Holländermühle** ➡ D5 unternehmen, die hinter den Neuen Kammern auf der anderen Seite der Straße Zur Historischen Mühle liegt. 1791 erbaut und bis 1858 als Getreidemühle genutzt, wurde sie 1945 zerstört und in den 1980er Jahren wieder aufgebaut. Nachdem sich auch ihre Flügel wieder drehen, lockt sie mit einer Ausstellung und fantastischem Blick auf die Parklandschaft.

Ansonsten durchquert man den Sizilianischen Garten und gelangt über das Entführungsrondell mit seinen Skulpturen zur Hauptallee. Rechts davon liegt auf einer Anhöhe das **Orangerieschloss** ➡ D4. Anders als die vorherigen Schlösser geht es auf Friedrich Wilhelm IV. zurück, der eine besondere Vorliebe für Italien hatte. So orientierten sich die Entwürfe, an denen der Monarch selber mitwirkte, auch an italienischen Renaissancevillen. Mit der Ausführung betraute er zwischen 1859 und 1864 Ludwig Persius, Friedrich August Stüler und Ferdinand Hesse. Sie schufen einen prunkvollen, 300 Meter langen Bau mit Säulengalerie in der Mitte und einem Belvedere-Aufbau samt Türmen. Im vorderen Teil überwintern noch heute – der ursprünglichen Bestimmung entsprechend – in der kalten Jahreszeit die südländischen Kübelpflanzen des Parks. Rechts und links schließen sich Seitenpavillons mit festlichen Wohn- und Repräsentationsräumen an. Im Inneren besticht vor allem der prächtige Raffaelsaal, in dem rund 50 Kopien

Ausgeschmückt mit Gemäldekopien Raffaels: der Raffaelsaal im Mittelbau des Orangerieschlosses im Park von Sanssouci

Das Drachenhaus besticht durch 16 Drachen an den Dachecken

des italienischen Meisters auf roter Seidenbespannung hängen. Wunderbar ist der Blick vom Aussichtsturm, zu dem 120 Treppenstufen hinaufführen.

Ein kleiner Abstecher führt zum etwas nordwestlich gelegenen **Drachenhaus** ➡ D3, das Karl von Gontard 1770 in Form einer chinesischen Pagode nach einem Vorbild in Kanton erbaute. Namensgeber sind die 16 Drachen an den Dachecken. Ursprünglich war es als Unterkunft für einen Grenadier von Friedrich dem Großen gedacht. Seit Ende des 19. Jahrhunderts wird es als Café-Restaurant genutzt und bietet neben Kaffee und Kuchen gutbürgerliche Küche an.

Ein Stück weiter westlich vom Drachenhaus liegt das **Belvedere auf dem Klausberg** ➡ C3, ein tempelartiges Gebäude mit schönem Panoramablick auf Park- und Stadtlandschaft. Es war die letzte Baumaßnahme Friedrichs des Großen, die er um 1786 im Rahmen eines Verschönerungsplans in Angriff nahm. Für den zweigeschossigen Rundbau, der von einer Kuppel gekrönt wird, stand offensichtlich Neros Kaiserpalast in Rom Modell. Innen beeindruckt es mit seinem Stuckmarmor, dem Eichenparkett und einem Deckengemälde in der Kuppel. Nachdem das Gebäude im Zweiten Weltkrieg fast vollständig zerstört worden war, wurde es in den 1990er Jahren wieder aufgebaut und erstrahlt heute in neuem Glanz.

Vom Belvedere aus läuft man wieder in südlicher Richtung über die viel befahrene Maulbeerallee in den Park zurück und weiter auf dem Lindstedter Weg zum **Neuen Palais** ➡ D/E3. Ohne den Abstecher zum Drachenhaus gelangt man auf der Hauptallee dorthin.

Schon von Weitem sichtbar ist der größte und pompöseste Schlossbau, den Friedrich der Große selber als »Fanfaronnade« bezeichnete. Schließlich sollte er – anders als das Lustschloss Sanssouci – vor allem Repräsentationszwecken dienen und die Besucher davon überzeugen, dass Preußen auch nach dem kostspieligen Siebenjährigen Krieg noch nicht pleite war. So mussten die Baumeister Johann Gottfried Büring, Heinrich Ludwig Manger, Carl von Gontard und Jean Laurent Legeay, die von 1763 bis 1769 an dem Rokoko-Bau mitwirkten, alles aufbieten, um ein möglichst imposantes Gebäude von 220 Metern Länge mit über 300 Zimmern zu schaffen. Allein über 400 Skulpturen schmücken das Dach mit Kuppel. Diese wird wiederum von drei Grazien gekrönt, die die Krone Preußens tragen. Im Inneren geht es durch prunkvolle Festsäle wie den Marmorsaal mit Gemälden französischer Künstler des 18. Jahrhunderts und diverse Gästezimmer. Glanzvoller Höhepunkt ist der Grottensaal, dessen Wände aus unzähligen Muscheln, Korallen und Glasstückchen bestehen. Weiteres Kleinod ist das nach Plänen von Knobelsdorff erbaute

Am westlichen Ende der Hauptallee des Parks Sanssouci erhebt sich das imposante Neue Palais

Das Schloss Charlottenhof von Karl Friedrich Schinkel

Schlosstheater, eines der wenigen aus dieser Zeit erhaltenen Theater – liebenswerte Kulisse für Konzerte oder die Aufführungen der Potsdamer Winteroper.

Vom Neuen Palais geht es nun in südöstlicher Richtung auf dem Theaterweg am Dichterhain vorbei zum von Peter Joseph Lenné angelegten Park **Charlottenhof** ➡ F4, der so etwas wie ein Garten im Garten ist. Hauptsehenswürdigkeit ist das gleichnamige Schloss, ein Meisterwerk Karl Friedrich Schinkels. Auch dieses ist eine Zutat von Friedrich Wilhelm IV. Nachdem ihm sein Vater, König Friedrich Wilhelm III., ein barockes Gutshaus geschenkt hatte, das an dieser Stelle stand, machte er Skizzen zu seinem Siam (alter Name Thailands, das als

Die Römischen Bäder in unmittelbarer Nähe von Schloss Charlottenhof

»Land der Freien« galt) genannten Gebäude, aus denen der prominente Baumeister dann zwischen 1826 und 1829 ein klassizistisches Kleinod zauberte. Tatsächlich ist es klein, aber sehr fein: Neben dem Vestibül liegen Speisezimmer und Schreibkabinett, in dem auch Möbel aus Schinkels Feder stehen, besonderer Blickfang ist das Zeltzimmer mit blau-weißer Stoffbespannung.

Vorbei am Rosengarten erreicht man ein weiteres Juwel: die **Römischen Bäder** ➡ E4. Die asymmetrische, aus mehreren Gebäuden bestehende Anlage mit Bereichen zum Sinnieren ist eine romantische Welt für sich. Von Schinkel geplant wurde der Bau von 1829 bis 1840 vor allem von Ludwig Persius vollendet. Hinter der Villa mit Turm im Stil italienischer Landhäuser des 15. Jahrhunderts gelangt man in einen Innenhof, wo an einer offenen Arkadenhalle das einem römischen Wohnhaus ähnelnde Badehaus mit großer Marmorbadewanne liegt. Auf der gegenüberliegenden Seite blitzt ein künstlicher See auf.

Nördlich der Römischen Bäder folgt man nun, vorbei an Meierei und Trompetenbaum, dem sogenannten Schafgraben zu einem exotischen Pavillon, der bald zwischen dichtem Grün aufblitzt, dem **Chinesischen Haus** ➡ E5. Der verspielte und vor Gold nur so strotzende Bau, in dem sich die höfische Gesellschaft zu Teezeremonien einfand, ist ein eindrucksvolles Beispiel für die aufkommende Chinamode im 18. Jahrhundert. So ließ es Friedrich II. von Johann Gottfried Büring zwischen 1754 und 1764 als kleeblattförmiges Gartenhaus erbauen. Den Pavillon schmücken vergoldete Figuren, die Musikanten und Teetrinker darstellen, im Inneren verhelfen Wände mit vergoldeten Konsolen dem dort ausgestellten Porzellan zu besonderer Wirkung.

Das prächtige Chinesische Haus im Rehgarten des Parks Sanssouci

Friedrich der Große

»Friedrich der Große auf den Janustempel weisend« (1763), Gemälde von Johann Heinrich Christian Franke

Ohne den Hohenzollernkönig Friedrich II., eine der markantesten Persönlichkeiten der deutschen Geschichte, wäre Potsdam nicht das, was es heute ist. Am 24. Januar 1712 wurde Friedrich II., auch der Große oder Alter Fritz genannt, als Sohn von Friedrich Wilhelm I., dem sogenannten Soldatenkönig, und Sophie Dorothea von Hannover geboren. Aufgrund der schweren Konflikte mit seinem Vater verbrachte er seine frühen Jahre in Neuruppin und Rheinsberg, bevor er 1740 König *in*, später *von* Preußen wurde. Während seiner Regentschaft begann er, Potsdam nach seinen Vorstellungen zu gestalten. Wichtigster Bestandteil sind sicherlich Schloss und Park Sanssouci. In der Sommerresidenz ging er ohne seine Gemahlin Elisabeth Christine – er verbannte sie sozusagen mit Beginn seiner Regentschaft ins Schloss Schönhausen – seinen Vorlieben für Musik, Literatur und Philosophie nach und erholte sich später auch von den Anstrengungen der drei Schlesischen Kriege. Als genialer Feldherr gelang es ihm, durch den Siebenjährigen Krieg von 1756 bis 1763 Preußen als Großmacht neben Frankreich, Großbritannien, Österreich und Russland zu etablieren. Außerdem führte er in seinem Staat, als dessen erster Diener er sich betrachtete, im Rahmen seines aufgeklärten Absolutismus zahlreiche Reformen durch und gilt als Verfechter des Toleranzgedankens. Er starb am 17. August 1786 im Schloss Sanssouci und fand hier – in der obersten Weinbergterrasse – schließlich auch die letzte Ruhe.

Auf dem Weg Zum Grünen Gitter durch den Marlygarten erreicht man schließlich die letzte Station des Rundgangs, die **Friedenskirche** ➡ E6. Sie entführt wiederum in die Welt Friedrich Wilhelms IV., der hier zusammen mit seiner Gemahlin die letzte Ruhe fand. Mit dem Sakralbau wollte er ein geistliches Gegenstück zum allzu heiteren Sanssouci schaffen und ließ die Architekten Persius, Stüler und Hesse von 1845 bis 1854 ein Gebäude im Stil einer frühchristlichen Basilika errichten. Im Inneren umgeben kostbarer Marmor und ein venezianisches Originalmosaik das Mausoleum des Königspaars, in dem später auch die Gebeine von Kaiser Friedrich III. und dessen Gattin Victoria unterkamen. Zusammen mit dem Glockenturm, für den wiederum ein römischer Campanile Vorbild stand, und dem künstlich angelegten Friedensteich im von Lenné gestalteten Marlygarten bildet die Kirche den romantisch-verträumten Abschluss von Park Sanssouci. ■

Der segnende Christus im Atrium der Friedenskirche

Vom Neuen Garten zum Pfingstberg

Ein weiterer Höhepunkt der Landschaftsarchitektur ist neben dem Park Sanssouci der 6 **Neue Garten** ➡ A–C9/10 zwischen Heiligem See und Jungfernsee. 1786 von Johann August Eyserbeck im Auftrag von Friedrich Wilhelm II. angelegt ist er der erste englische Landschaftsgarten der preußischen Könige. Mit dem 102 Hektar großen Gelände wollte sich der Nachfolger Friedrichs des Großen bewusst vom inzwischen unmodern gewordenen Barockstil absetzen. Gemäß dem Vorbild, dem Landschaftspark von Wörlitz im Fürstentum Anhalt-Dessau, schlängeln sich gefällige Wege durch Wiesen und an von Schilf gesäumten Ufern vorbei, statt geometrisch angeordneter Bäume und Blumenrabatten sprießt die Pflanzenwelt hier anscheinend ganz ungezügelt. Aber sowohl Eyserbeck als auch Peter Joseph Lenné, der 1816 den Garten nochmals überarbeitete, überließen nichts dem Zufall. So verbinden akkurat konzipierte Sichtachsen Bauten wie die Gotische Bibliothek, das Grüne Haus, Muschelgrotte, Meierei und Orangerie mit weiter entfernten Punkten der Wasserlandschaft wie dem Schlosspark Glienicke, der Pfaueninsel oder der Heilandskirche von Sacrow.

Architektonisches Highlight ist das **Marmorpalais** ➡ B9, das zwischen 1787 und 1791 nach Plänen von Carl von Gontard und Carl Gotthard Langhans für Friedrich

Am Ufer des Heiligen Sees: das Marmorpalais für Preußenkönig Friedrich Wilhelm II.

Das Domizil für Kronprinz Wilhelm und seine Gemahlin Kronprinzessin Cecilie: Schloss Cecilienhof im Neuen Garten

Wilhelm II. entstand. Mit dem Gebäude, dessen altrosa Fassade sich malerisch im Wasser des Heiligen Sees spiegelt, hielt zugleich der Klassizismus in Preußen Einzug. Nachdem es dem Regenten und seiner lebenslangen Begleiterin Wilhelmine Encke als Sommerresidenz gedient hatte, erkoren es später deren Nachfolger, Kaiser Wilhelm II. und seine Gemahlin Auguste-Victoria zu ihrem Wohnsitz. Nach aufwendigen Restaurierungsarbeiten erstrahlen Grottensaal, Konzertsaal und Wohnräume mit prachtvollen Seidenbespannungen, Stuckaturen, Marmorkaminen, Gemälden von Angelika Kaufmann, antiken Skulpturen und kostbarer englischer Wegdwood-Keramik heute wieder in schönstem Glanz. Besonderes Kleinod ist das orientalische Kabinett, das mit blauweißem Atlas, Leopardenseide und einem Diwan an ein türkisches Zelt erinnert.

Ganz anders präsentiert sich das **Schloss Cecilienhof** ➡ A9/10 im nördlichen Teil des Neuen Gartens unweit des Jungfernsees. Paul Schultze-Naumburg erbaute es zwischen 1913 und 1917 für Kronprinz Wilhelm und dessen Gattin Cecilie von Mecklenburg-Schwerin. Das verschachtelte Gebäude mit Fachwerkfassade und Butzenscheiben im englischen Tudorstil hat so gar nichts von einem prunkvollen Schloss. Stattdessen wirkt es wie ein verspielter Landsitz. Und wohl kaum jemand würde vermuten, dass ausgerechnet hier das Schicksal Deutschlands besiegelt wurde. Als Harry S. Truman, Joseph W. Stalin und Winston Churchill in Cecilienhof während der Potsdamer Konferenz vom 17. Juli bis 2. August 1945 am berühmten runden Tisch zusammen saßen, legten sie die neuen Grenzverläufe des inzwischen befreiten Europas, die Aufteilung des besiegten Deutschlands und die Höhe der Reparationszahlungen fest. Neben dem Konferenzsaal sind heute noch das Arbeitszimmer der russischen Delegation sowie das Privatzimmer der Kronprinzessin zu sehen.

Beim einstündigen Rundgang durch den Neuen Garten lassen sich außerdem noch andere Gebäude entdecken – zum Beispiel die **Schlossküche** ➡ B/C9 in Gestalt eines versunkenen Tempels in nächster Nähe zum Marmorpalais, die **Gotische Bibliothek** ➡ D9 am Südende des Heiligen Sees oder die **Pyramide** ➡ B9, die als Eiskeller zum Frischhalten von Lebensmitteln fungierte. Aus der historischen, 1791 von Langhans erbauten **Meierei** ➡ A9/10 ist heute ein beliebtes Ausflugsrestaurant mit großem Biergarten am Wasser geworden. In der nahe dem westlichen Parkeingang liegenden **Orangerie** ➡ C9 mit ägyptischem Portal samt Sphinx, wo in der kalten Jahreszeit die zarten mediterranen Kübelpflanzen überwintern, lädt in der Sommersaison **Pandoras Café** zur Verschnaufpause ein. Schließlich versteckt sich am nördlichen Ende des Neuen Gartens noch eine **Crystall- und**

Eiskeller in Form einer Pyramide, verziert mit astronomischen Zeichen

Der fantastische Weitblick war ausschlaggebend für den Standort: das Belvedere auf dem Pfingstberg

Muschelgrotte ➡ A10, in der sich die früheren Benutzer des Gartens an allzu heißen Sommertagen Abkühlung verschafften.

Verlässt man die Grünanlage durch das westliche Albrechtstor, gelangt man zu einem weiteren Anhängsel des Neuen Gartens, das Lenné nach 1860 auf dem **Pfingstberg** ➡ A8 im englischen Stil gestaltete. Ein Serpentinenweg führt zu der Anhöhe hinauf, auf der sich heute mit dem 7 **Belvedere** eins der eindrucksvollsten Gebäude Potsdams erhebt. Es bietet die wohl schönste Weitsicht auf Stadt, Park- und Wasserlandschaft. Das stolze Gebäude mit Doppelturm und Kolonnaden im Stil italienischer Renaissancevillen ist ein Gemeinschaftswerk von Ludwig Persius, Friedrich August Stüler, Ludwig Ferdinand Hesse und Ferdinand von Arnim und entstand zwischen 1847 und 1863. Umgeben ist es von Rasenparterres und einem Vorhof mit Laubengang, im Innenhof befindet sich ein Wasserbecken zur Versorgung des Neuen Gartens. Ein Förderverein macht das Belvedere auch immer wieder zur stimmungsvollen Kulisse von Konzerten, Lesungen oder Theateraufführungen.

Dicht dabei steht der kleinere, aber sehr feine **Pomonatempel** (1801) ➡ A8, ein Jugendwerk des gerade 19-jährigen Karl Friedrich Schinkel. Ursprünglich war er als Teepavillon konzipiert – Namensgeberin war die römische Göttin des Obstsegens Pomona. Unterhalb vom Pfingstberg liegt der 1743 angelegte **Jüdische Friedhof** ➡ A8 mit zum Teil jahrhundertealten Gräbern.

Wendeltreppe im Belvedere auf dem Pfingstberg

Russische Kolonie Alexandrowka

Ein Stück weiter südlich überrascht ein besonders exotisches Stück Potsdam, die 8 **Russische Kolonie Alexandrowka** ➡B/C8. Sie gehört ebenso wie Park Sanssouci, die Schlösser und der Neue Garten seit 1999 zum Welterbe der UNESCO. Die 13 Holzhäuser, die Friedrich Wilhelm III. um 1826 erbauen ließ, sollten seinem kurz zuvor verstorbenen Freund Zar Alexander ein bleibendes Denkmal setzen. Der Garten wurde von Lenné gestaltet, mit Alleen, die sich in einem Andreaskreuz treffen – damit sollte dem wichtigsten Heiligen der russischen Kirche, dem Apostel Andreas, gehuldigt werden. In den Blockhäusern, die hundert Militärsoldaten errichteten – in Wirklichkeit handelt es sich um simple Fachwerkhäuser, die mit Holzbohlen, Balkonen und Schnitzwerk verziert sind –, fanden die Sänger des preußischen Garderegiments eine Heimat, die nach dem Sieg der preußischen und russischen Truppen über Napoleon als »Geschenk« des Zaren in preußischen Diensten blieben. Allerdings durften nur verheiratete Sänger hier einziehen und die Häuser nicht veräußert, sondern nur in der männlichen Linie weiter vererbt werden. Dadurch fielen viele Häuser später wieder an den König zurück, nur zwei Familien leben hier noch in der sechsten bzw. siebten Generation.

Verzierte Fenster in der Kolonie Alexandrowka

Aus Liebe zur Musik

Kolonie Alexandrowka

Potsdam, Brandenburg

Was machen 13 kleine Holzhäuser mitten in Potsdam? Auf den ersten Blick wirken die Bauten mit dem Flair russischer Datschen wie ein Überbleibsel deutsch-russischer Freundschaft aus DDR-Zeiten. Doch Potsdam verdankt die Russische Kolonie Alexandrowka Friedrich Wilhelm III. und seiner Liebe zur Musik. Er liebte russische Volksweisen. 1812 wurden dem Ersten Garde-Infanterieregiment russische Musikanten zugeteilt, die dem preußischen Heer bis nach Paris folgten. Knapp 20 Jahre später waren die russischen Musiker fester Bestandteil des Infanterieregiments. Um ihnen die Heimat ein wenig näher zu bringen, beauftragte Friedrich Wilhelm III. Peter Joseph Lenné eine Siedlung im Stil russischer Soldatendörfer zu errichten – die Geburtsstunde der Russischen Kolonie Alexandrowka in Potsdams Norden. Ihren Namen verdankt sie dem freundschaftlichen Verhältnis zwischen Zar Alexander und dem preußischen Kaiser.

Den Grundriss der Anlage bildet ein Andreaskreuz. Entlang der Achsen und um die Grundstücksgrenzen gruppieren sich 13 ein- bis zweigeschossige Blockhäuser. Alle Häuser waren komplett eingerichtet, außerdem gehörten jeweils ein Garten und eine Kuh dazu. Nur verheiratete Sänger durften einziehen und die Häuser nur in direkter männlicher Linie vererbt werden. War das nicht möglich, fielen die Häuser an den König zurück. Bis heute sind die Häuser von Privatleuten bewohnt, zwei sogar noch von Nachfahren der ersten russischen Siedler. Im Haus Nummer 2 befindet sich ein Museum. Neben Informationen zur Geschichte der Kolonie wird auch über das Leben hier berichtet. So finden sich im Lenné'schen Obstgarten an die 300 Obstsorten, die zeigen, dass die damaligen Bewohner ihre Gärten nicht nur zur Erholung genutzt haben. In Haus Nummer 1 kann man sich nach dem Museumsbesuch im Russischen Restaurant samt Tesstube stärken.

Ein typisches Haus in der Alexandrowka mit aufwendigen Holzschnitzereien.

Heute ist das Ensemble UNESCO-Welterbe. Und natürlich wäre es ohne eine Kirche unvollständig, daher wurde 1826 auf dem Kapellenberg die Alexander-Newski-Kirche errichtet. Das Gotteshaus ist dem Nationalheiligen Russlands gewidmet. Hier werden bis heute russisch-orthodoxe Gottesdienste abgehalten.

Info: Die Kolonie befindet sich etwa 700 m nördlich der Potsdamer Innenstadt. **Info Kolonie Alexandrowka:** Russische Kolonie, 14469 Potsdam, Tel. (03 31) 817 02 03, https://alexandrowka.de, Öffnungszeiten Museum April–Okt. tägl. außer Mi 10–18 Uhr, März nur Fr–So, Eintritt € 3,50, ermäßigt € 3, unter 14 J. frei.

Im Museum Alexandrowka erfährt man mehr über die Entstehung der Kolonie

Nördlich der Holzhäuser, auf dem Kapellenberg, steht die hübsche **Alexander-Newski-Kirche** ➡ B8 von 1826, die nach dem Vorbild der heute nicht mehr existierenden Kiewer Desjatin-Kirche nach einem Entwurf von Karl Friedrich Schinkel entstand. Über dem Südtor ist der Großfürst und Nationalheilige Russlands, Alexander Newski, zu sehen.

Im Übrigen gibt ein kleines **Museum** ➡ C8 Einblick in das frühere Leben in der Kolonie. Es ist sozusagen ein begehbares Baudenkmal von 1826, die Innenräume sind im Stil des Biedermeier eingerichtet. Außerdem gehört der 2000 Quadratmeter große, von Lenné gestaltete Garten mit über 500 verschiedenen Obstbäumen zum Museum. Hier lädt auch ein Gartencafé zur kleinen Stärkung ein, im dazugehörigen Shop sind Souvenirs und Literatur zum Thema zu finden.

Beliebt ist außerdem das **Russische Restaurant und Teestube** ➡ C8 in Haus 1. Im urigen Ambiente des Blockhauses werden Spezialitäten wie Soljanka, Borschtsch, Kaviar, russischer Schweinebraten oder Eis aus Moskau serviert.

Schiffbauergasse

Das Herz des jungen, innovativen Potsdam schlägt in der **Schiffbauergasse** ➡ D10 in der Berliner Vorstadt. Dabei handelt es sich nicht etwa um eine schmale Straße, vielmehr um eine etwa zwölf Hektar große Halbinsel, die in den Tiefen See hineinragt. Hier füllen Theater, Musik, Tanz, Design und Hightech die historischen Gebäude mit neuem Leben und haben das Gelände zu einem modernen Quartier werden lassen, das einen spannenden Gegenpol zu den historischen Schlössern und Gärten bildet.

Dabei hat das Gebiet eine lange und sehr wechselvolle Geschichte mit vielfachen Nutzungen hinter sich. Wo sich einst Wiesen und Äcker befanden, ließ Friedrich der Große im 18. Jahrhundert in einer Zichorienmühle aus den getrockneten Wurzeln der Blauen Wegwarte den Ersatzstoff für das damalige Modegetränk Kaffee herstellen, der für viele Bürger unerschwinglich war. Im frühen 19. Jahrhundert wurden hier außerdem Dampfschiffe gebaut. Als der schottische Dampfschiffbauer John Barnett Humphrey mit seinem Betrieb 1821 in Konkurs ging, nahm hier stattdessen 1856 die erste große Gasanstalt Deutschlands ihren Betrieb auf. Die Schlote,

Blick auf die Schiffbauergasse und die Nikolaikirche

Gasbehälter, Kohlelager und Ofenanlagen, die der Stadt zur Beleuchtung verhalfen, prägten bis 1990 das Bild. Gleichzeitig wurde die Schiffbauergasse militärisch genutzt. Schon 1822 hatte Schinkel eine Reitstallanlage und eine Reithalle entworfen, später kamen noch eine Kaserne für ein Regiment sowie Funktionsgebäude wie die königliche Garnisons-Dampfwäscherei dazu. Nach dem Zweiten Weltkrieg teilten sich schließlich die Rote Armee, die Nationale Volksarmee der DDR, der russische Geheimdienst KGB und die VEB Textilreinigung das Areal.

Nach der Wende begannen Künstler und freie Kulturträger das brachliegende Gebiet für sich zu erobern. Aus der alten **Fabrik** wurde ein Ort für zeitgenössischen Tanz, aus dem historischen **Waschhaus** und dem **T-Werk** ein Schauplatz für Rock- und Jazzkonzerte, Filmabende oder Partys. In der früheren **Zichorienmühle**, einem neogotischen, einer Mühle ähnelnden Gebäude von Ferdinand Ludwig Hesse, kam das italienische Lokal **Il Teatro** unter und gleich daneben wurde aus einem alten Kahn das **Restaurantschiff John Barnett**, das seitdem neben einer kleinen Marina, einer Floßstation und Schiffsanlegestelle vor Anker liegt.

Vornehmliches Aushängeschild und so etwas wie das Wahrzeichen der Schiffbauergasse ist das **Hans-Otto-Theater**. Schon von Weitem sichtbar – und besonders schön vom Schiff oder dem gegenüberliegenden Park Babelsberg anzusehen – sind die sieben roten Stahlbetonscheiben seines Dachs, die wie Rosenblätter aufgefächert sind und sich malerisch im Wasser spie-

Zichorienmühle und Restaurant Il Teatro

Das Theaterschiff wurde in den 1990er Jahren umgebaut

geln. Längst hat sich das 2006 eingeweihte Werk des Kölner Architekten Gottfried Böhm als Spielstätte des Mehrspartentheaters bewährt. Davor liegt das **Theaterschiff**, das neben Theater auch Kabarett und Konzerte veranstaltet.

Weitere Institutionen wie die Bundesstiftung für Baukultur oder der Landesverband der Musikschulen Brandenburgs zogen her, 2008 öffnete zudem das **Kunstmuseum FLUXUS+** seine Pforten. Schwerpunkt der Sammlung von Installationen, Fotos, Filmen, Videos und anderen Objekten sind Arbeiten des Fluxuskünstlers Wolf Vostell. In einem weiteren Teil des Museums werden andere Künstler des 20. und 21. Jahrhunderts in wechselnden Ausstellungen präsentiert.

So kann man in der Schiffbauergasse von einem Kunst- oder Veranstaltungsort zum anderen flanieren, den Theater- oder Konzertabend bei guter italienischer Küche oder auch nur einem Glas Wein mit Blick auf den Park Babelsberg und die umliegende Wasserlandschaft ausklingen lassen – und sich davon überzeugen, wie sich eine Industriebrache neu erfinden kann.

Schloss und Park Babelsberg

Wieder einen anderen Akzent setzt der **Park Babelsberg** ➡ C–E11–13 in der Potsdamer Gartenlandschaft. Der Landschaftsgarten, der frei zugänglich und auf einigen, genau einzuhaltenden Wegen auch mit dem Fahrrad zu befahren ist, geht auf den Gartenbaumeister Peter Joseph Lenné zurück, wobei vor allem Hermann Fürst Pückler-Muskau sich ab 1843 um Planung und Ausführung kümmerte. »Ich stehe Ihren Hoheiten dafür, dass der Babelsberg als ein organisches Ganzes, etwas Gediegenes und in künstlerischer Hinsicht alle anderen Anlagen seiner Art in der Potsdamer Gegend übertreffen wird«, schrieb der Fürst damals an den Hofmarschall von Wilhelm I., der zu jener Zeit noch Prinz war und erst später erster deutscher Kaiser wurde. Dabei knüpfte er an sein Versprechen auch eine Bedingung: »Knickern darf man gar nicht, denn umsonst ist nur der Tod.« Tatsächlich knickerte Wilhelm nicht. Und so konnte der Fürst bis 1867 das Lennésche Wegenetz durch eine Fülle von Fuß- und Fahrwegen ergänzen. Heute ergeben sich reizvolle Ausblicke auf Potsdam, die Berliner Vorstadt und die gegenüberliegende Schiffbauergasse mit dem Hans-Otto-Theater.

Wichtigstes Bauwerk ist das neugotische **Schloss Babelsberg** ➡ C12, das auf einer Anhöhe liegt und 50 Jahre lang Sommerresidenz von Wilhelm I. war. Mit seinen Zinnen, Erkern und Türmchen wirkt es eher wie eine

Schloss Babelsberg wurde im Stil der englischen Gotik erbaut

Schöne Aussichten

Schloss und Park Babelsberg

Potsdam, Brandenburg

Nicht jeder aus dem Hause der Hohenzollern hatte sich der Liebe zu Residenzen im italienischen Renaissancestil verschrieben. Kaiser Wilhelm I. fand den englischen Baustil viel schöner. Daher ließ er seinen Sommersitz unter tatkräftiger planerischer Mithilfe seiner Gattin Augusta im Stile der Tudor-Gotik erbauen.

Die Pläne waren fertig, aber das Geld reichte nicht, um sie umzusetzen. Daher wurde zunächst nur ein Teil von Schloss Babelsberg gebaut. Erst nachdem klar war, dass Prinz Friedrich Wilhelm der nächste Kaiser werden würde, stand ihm ein höherer Bauetat zur Verfügung, denn jetzt musste das Schloss ja eines Thronfolgers würdig sein. Die Bauausführung lag offiziell in den Händen von Karl Friedrich Schinkel, doch der Architekt musste sich immer wieder mit Wilhelms Gemahlin Augusta auseinandersetzen. Sie war Expertin auf dem Gebiet der Architektur der englischen Gotik und trat für ihre Ansichten darüber, wie der Bau auszusehen hatte, vehement ein. Geschadet hat das Geplänkel zwischen Architekt und Kaiserin dem Bau nicht – im Gegenteil. Schloss Babelsberg mit seinen imposanten Türmen und Zinnen erinnert an eine Burg, in der auch Richard Löwenherz hätte Hof halten können.

Schloss Babelsberg liegt malerisch in einer 124 Hektar großen Landschaft, dem Park Babelsberg, der aus einem üppig bewaldeten Bergpark und einem flachen Wiesenpark besteht. Ursprünglich von Peter Joseph Lenné entworfen, wurde er im 19. Jahrhundert von Fürst von Pückler-Muskau umgestaltet und erweitert. Das dankt ihm die Bevölkerung Potsdams noch heute: Es gibt Spazierwege, ein Strandbad, Liegewiesen und weitere Sehenswürdigkeiten wie das Kleine Schloss mit Café und den Flatowturm.

Schöne Aus- und Ansichten: Schloss Babelsberg inmitten der Seenlandschaft um das Glienicker Horn.

Der ebenfalls von Wilhelm I. in Auftrag gegebene Turm setzte die kaiserliche Familientradition fort, an schönen Plätzen im Stadtgebiet Aussichtstürme besonderer Bauart zu errichten. Man muss dem Kaiser recht geben: Der Standort ist wirklich hervorragend gewählt und belohnt seine Besucher mit einem einzigartigen Blick auf Potsdam, die Havel und die Parklandschaft.

Schloss Babelsberg wird seit 2013 aufwendig saniert. Kurzzeitig öffnete das Schloss – von außen restauriert – mit einer Pückler-Ausstellung im Sommer 2017. Wann die Sanierung der Innenräume abgeschlossen sein wird, ist offen.

Info: Schloss und Park liegen im Stadtteil Potsdam-Babelsberg. **Info Schloss und Park Babelsberg:** Park Babelsberg 10, 14482 Potsdam, Tel. (03 31) 969 42 49, www.spsg.de, Schloss wegen Sanierung geschl., Park tägl. ab 8 Uhr bis Einbruch der Dunkelheit. **Info Kleines Schloss:** https://kleinesschlossbabelsberg.eatbu.com/?lang=de, bis 2024 wegen Sanierung geschl.

Wahrzeichen der Babelsberger Gartenlandschaft: der neugotische Flatowturm

verspielte Burg. Nach Entwürfen Schinkels begonnen, fügte ihm Hofarchitekt Ludwig Persius 1844 eine Erweiterung hinzu, die Johann Heinrich Strack und Martin Gottgetreu vollendeten. Im Schinkelbau befanden sich das Vor-, Empfangs- und Arbeitszimmer Augustas, im Obergeschoss ihr Ankleide- und Schlafgemach mit Landschaftsansichten aus England und religiösen Darstellungen. In Wilhelms Arbeits- und Schlafzimmer mit hellblauer Stuckdecke und gelben Rippen bezeugen dagegen Bilder der Schlacht bei Königgrätz die Leidenschaft des Kaisers für das Militär. Im Erweiterungsflügel entstand schließlich das Sommerdomizil für Prinz Friedrich Wilhelm und die englische Prinzessin Victoria. Nach dem Tod des Kaisers 1888 blieb das Burgenschloss weitgehend unverändert und auch im Zweiten Weltkrieg mehr oder weniger unbeschädigt. Allerdings gingen große Teile der Innenausstattung verloren – zurzeit wird an der abschließenden Sanierung gearbeitet.

Beim Spaziergang durch den Landschaftsgarten gelangt man außerdem zum **Dampfmaschinenhaus** ➡ C13, das 1843–45 nach Plänen von Persius im Stil eines normannischen Kastells errichtet wurde und dessen Pumpwerk für die Bewässerung des Parks sorgte. Auf einer weiteren Anhöhe ließ Prinz Wilhelm 1853–56 den **Flatowturm** ➡ D11/12 in Anlehnung an den mittelalterlichen Turm des Eschenheimer Tors in Frankfurt am Main errichten. Der 46 Meter hohe Rundturm steht wie eine Festung inmitten eines bastionsartig eingefassten Wasserbeckens. Im Inneren befanden sich mehrere reich ausgestattete Räume für Wilhelm I. und zum »Logement für Fremde«. Schon zu Lebzeiten des Kaisers war der Turm für Besucher zugänglich, nach dem Zweiten Weltkrieg wurde er zum Museum umfunktioniert. Nach seiner Wiederherstellung vermitteln die sogenannte Trinkhalle und das elegante Balkonzimmer wieder eine Vorstellung von der Originalausstattung. Darüber hinaus informieren Fotos, Pläne und Ausgrabungsfunde über die Geschichte des Schlossparks. Oben eröffnet der Turm ein fantastisches Panorama über die Stadt bis hin zur Pfaueninsel.

Ein besonders liebenswertes Kleinod ist das **Kleine Schloss** ➡ D12 unterhalb des großen Schlosses, das ganz nah am Wasser steht. Ebenfalls von Persius entworfen sollte es dem Sohn des Prinzenpaares eine neue Bleibe bieten. Als dieser 1858 die englische Prinzessin Victoria heiratete, verbrachte das frisch vermählte Paar hier die Flitterwochen. Inzwischen ist in dem Schlösschen im Tudorstil ein Café-Restaurant untergekommen, doch von 2021 bis 2024 wird das Haus aufwendig saniert.

Traumfabrik Babelsberg und Villenkolonie Neubabelsberg

Den »Blauen Engel« mit Marlene Dietrich kennt fast jeder, und auch die »Feuerzangenbowle« mit Heinz Rühmann. Doch wer weiß schon, dass die Filmklassiker in Potsdam gedreht wurden? Dabei hat hier das älteste Großfilmstudio der Welt seinen Standort. Seit mehr als hundert Jahren heißt es in der brandenburgischen Filmschmiede regelmäßig »...und Klappe!« In jüngster Zeit standen hier unter anderen Kate Winslet in »Der Vorleser« und Tom Cruise als Hitler-Attentäter Graf von Stauffenberg vor der Kamera.

Die Geburtsstunde der Traumfabrik schlug 1911, als der Kameramann Guido Seeber für die Deutsche Bioscop Filmgesellschaft ein Fabrikgelände nahe der Wohnsiedlung Neubabelsberg erwarb. Die ersten Dreharbeiten begannen ein Jahr später mit Urban Gads Stummfilm »Der Totentanz«. Als die Universum Film-AG, kurz UFA, 1924 das Areal übernahm, baute sie die 123 Meter lange und 56 Meter breite Marlene-Dietrich-Halle, die noch heute zu den größten Studios Europas gehört.

Wassertank im Studio Babelsberg

Den Höhepunkt markierte 1927 Fritz Langs »Metropolis« mit mehr als 30 000 Darstellern. Danach standen hier Greta Garbo, Heinz Rühmann, Lilian Harvey und Heinrich George vor der Kamera. Und Marlene Dietrich, die mit Josef von Sternbergs »Der blaue Engel« 1930 ihren Durchbruch als Weltstar erlebte. Nach dem Zweiten Weltkrieg produzierte die DEFA, die Deutsche Film-AG, auf dem Gelände. Immerhin schaffte es »Jakob der Lügner« als einziger DDR-Film zur Oscar-Nominierung.

Inzwischen ist rund um das Studio eine moderne, 46 Hektar große **Medienstadt** ➡ G15/16 entstanden, in der mehr als 3000 Menschen an Film-, Fernseh- und Radioproduktionen arbeiten. Und wenn in den 1930er Jahren viele Filmleute nach Hollywood gingen – neben Marlene Dietrich wanderten u. a. Fritz Lang, Ernst Lubitsch und Billy Wilder aus –, kommt jetzt Hollywood verstärkt nach Potsdam. Ob Roman Polanskis »The Ghostwriter« oder Quentin Tarantinos »Inglorious Basterds« – sie alle nutzten die hervorragende Infrastruktur vom Studio Babelsberg.

All das und noch viel mehr lässt sich bei einer thematischen Stadtführung (vgl. S. 216) erfahren. Besonderer Besuchermagnet – vor allem für Kinder und Jugendliche – ist der benachbarte ⑨ **Filmpark Babelsberg** ➡ H15/16. Hier locken eine Westernstraße, das gläserne Studio von Radio Teddy und ein 4-D-Actionkino. Wer will, kann eine simulierte Tauchfahrt im Original-U-Boot, eine Tiershow und eine spektakuläre Stuntshow in der Vulkanarena miterleben oder sich zeigen lassen, wie Maskenbildner arbeiten und der beliebte »Sandmann« zum Leben erweckt wird. Allen, die mal selber im Rampenlicht stehen möchten, steht außerdem das Studio 1 offen, wo man bei Fernsehsendungen live dabei sein kann. Touren führen zu Originalkulissen einiger im Studio Babelsberg produzierten Filme sowie zum Außenset der Vorabendserie »Gute Zeiten, Schlechte Zeiten«.

Janoschs gelb-schwarz gestreifte Tigerente im Filmpark Babelsberg

Ein glamouröses Stück Babelsberg ist schließlich die **Villenkolonie Neubabelsberg** ➡ D/E14–16, die sich mit mehr oder weniger prunkvollen Villen am Griebnitzsee entlangzieht. Sie entstand Ende des 19. Jahrhunderts, als es Großindustrielle, Bankiers und Künstler aus dem brodelnden Berlin an das idyllische Seeufer zog. Mit dem Aufschwung der UFA-Studios folgten auch Schauspieler wie Lilian Harvey, Gustav Fröhlich

oder Marika Rökk. Das älteste der stattlichen Häuser ist die **Villa Stern** ➡ F16 in der Karl-Marx-Straße 3, die in den 1920er Jahren für den Kaufmann Siegbert Stern in neoklassizistischem Stil umgebaut wurde. Etwas weiter steht die **Truman-Villa** (Nr. 2), die 1891 für den Berliner Verleger Carl Müller-Grothe errichtet wurde und den US-amerikanischen Präsidenten während der Potsdamer Konferenz beherbergte. Von hier aus soll Truman den Befehl zum Abwurf der Atombomben auf Hiroshima und Nagasaki gegeben haben.

Stalin wohnte während der Konferenz in der **Villa Herpich** ➡ D14 in der Karl-Marx-Straße 27, Winston Churchill in der **Villa Urbig** ➡ C9 in der Virchowstraße 23. Letztere wurde 1915 von Mies van der Rohe für den Bankier Franz Urbig erbaut und zeugt von der Verehrung des jungen Architekten für Schinkel. Währenddessen zeigt das zweite von Mies van der Rohe um 1924 in Neubabelsberg erbaute Haus in der Karl-Marx-Straße 29 mit seinem dreieckigen Giebel und der Fensterfront an seiner Rückseite schon eine deutliche Weiterentwicklung. Der Architekt Hermann Muthesius verwirklichte sich indessen mit dem **Haus Guggenheim** ➡ D14 im Stil moderner Landvillen, das am Johann-Strauß-Platz für den jüdischen Fabrikanten Hans Guggenheim entstand. Nach dessen Emigration während der Nazizeit zog die Schauspielerin Brigitte Horney ein, die mit dem Film »Münchhausen« triumphierte. Beson-

Nach Plänen von Mies van der Rohe erbaut: Villa Urbig (Churchill-Villa) in der Villenkolonie Neubabelsberg am Griebnitzsee

Aktiv im Blauen Paradies

Havelseen

Brandenburg

Die Kette der ineinander übergehenden Seen in Brandenburg ist Teil des größten zusammenhängenden Wassersportreviers Europas, das als »Blaues Paradies« bezeichnet wird. Und ein wahrlich paradiesischer Urlaub erwartet Wassersportler an den Potsdamer und Brandenburger Havelseen. Auf einer Länge von 180 Kilometern und auf mehr als 40 Seen tummeln sich in der warmen Jahreszeit Wasserfahrzeuge aller Art: Tretboote, Kanus, Segelboote, Motorboote, Hausboote, Flöße, Yachten, Wassertaxis und Ausflugsschiffe ... Auch Stand-Up-Paddler haben die Region in den letzten Jahren für sich entdeckt.

Haveltouristen auf dem Jungfernsee, im Hintergrund die Heilandskirche Sacrow.

Und man muss nicht einmal Bootseigentümer sein, um sich für einen Tag als Kapitän fühlen zu dürfen: In und um Potsdam lässt sich so ziemlich alles mieten, was wassertauglich ist. Auch die Gastronomie hat sich auf die Wassersportler eingestellt: Viele Restaurants und Cafés verfügen über eine eigene Anlegestelle.

Radfahrer schätzen die Routen, die sie durch die intakte Natur entlang der schilfgesäumten Gewässer und hin zu den kulturellen Schätzen Brandenburgs führen. Dabei ist der Radweg F1 besonders reizvoll, er führt auf 34 Kilometern Länge rund um den Templiner See und den Schwielowsee. Unterwegs bieten diverse Badestellen und Strandbäder die Möglichkeit, sich im Wasser der Havel zu erfrischen.

Ein guter Startpunkt ist der Potsdamer Hauptbahnhof, von wo eine Landstraße entlang des Templiner Sees am Ausflugslokal Forsthaus Templin – mit Braumanufaktur – und dem Waldbad Templin vorbei durch ein Waldstück führt. Danach folgen Caputh mit Schloss und Sommerhaus von Albert Einstein und gleich darauf das ehemalige Malerdorf Ferch, wo die Landschaft noch lieblicher wird: »Der Schwielowsee ist breit, behaglich, sonnig und hat die Gutmütigkeit aller breit angelegten Naturen«, schrieb Fontane über das Gewässer. Und das gilt auch heute: Fischrestaurants, Cafés, kleine Hotels und wunderschöne Seegrundstücke säumen das Ufer auch entlang des weiteren Streckenverlaufs nach Petzow und Geltow und zurück nach Potsdam.

Info: Die Brandenburger Havelseen sind Teil des sogenannten Blauen Paradieses, des größten Wassersportreviers Europas. **Info Havelseen:** Tel. (033 81) 79 63 60 oder (03 32 37) 85 90 30, https://potsdamer-brandenburger-havelseen.de, www.havelland-tourismus.de. **Info Schwielowsee & Havelradweg:** Tourismusbüro, Straße der Einheit 3, 14548 Schwielowsee/OT Caputh, Tel. (03 32 09) 708 99, www.schwielowsee-tourismus.de.

Die Truman-Villa in der Karl-Marx-Straße

ders verspielt ist wiederum das prachtvolle **Palmenhaus** ➡ D14 in der Spitzweggasse 6: Bei der Turmvilla hatte sich der Architekt 1906 von italienischen Häusern der Frührenaissance inspirieren lassen – außerdem wurde hier für den Direktor der islamischen Sammlung des Kaiser-Friedrich-Museums (heute Bode-Museum) in Berlin die Kopie eines babylonischen Löwenfrieses angebracht.

Abstecher ins Havelland

Ein besonders liebenswertes Stück Havelland ist das Gebiet um **Templiner** ➡ aB2 und **Schwielowsee** ➡ aB/C1, die eigentlich Ausbuchtungen der Havel sind und sich zusammen mit anderen Seen wie Perlen an einer Kette entlangziehen. Man kann die Seen gut mit dem Fahrrad oder zu Fuß umrunden oder einzelne Punkte vom Wasser aus ansteuern – die Ausflugsdampfer der Weissen Flotte machen an den markantesten Orten Station.

Vorbei an schilfgesäumten Ufern und unberührter Natur: Havelseenrundfahrt

Unterwegs bieten diverse Badestellen und Strandbäder die Möglichkeit, sich bei heißem Wetter zwischendurch im Wasser der Havel zu erfrischen.

Gleich gegenüber vom Hauptbahnhof verläuft die Landstraße, die am Templiner See, dem **Forsthaus Templin** ➡ aB2 (Ausflugslokal und Braumanufaktur) und dem **Waldbad Templin** ➡ aB2 vorbeiführt. Nach dem Passieren eines Waldstücks erreicht man dann bald **Caputh** ➡ aB/C1/2.

Neben der von Friedrich August Stüler im frühchristlichen Stil erbauten **Dorfkirche** mit hölzerner Kassettendecke erstrahlt das frühbarocke **Schloss Caputh** ➡ aB2 in neuem Glanz und bildet hin und wieder auch den stilvollen Rahmen für Konzerte, die sogenannten Caputher Musiken. Ursprünglich stand hier nur ein bescheidenes Anwesen, das der Große Kurfürst Friedrich Wilhelm 1671 seiner Gemahlin, der Kurfürstin Dorothea, schenkte. Von da an entwickelte es sich in eine kleine, aber feine Sommerresidenz im Barockstil. Im Inneren geben unzählige Gemälde, Lackmöbel, verzierte Spiegel, Marmorskulpturen und Porzellan eine Vorstellung von der Raumdekoration in der Zeit um 1700. Besonders schön ist der Festsaal mit seinem barocken Deckengemälde. Der dürfte auch die illustren Gäste beeindruckt haben, die hier 1709 zum sogenannten Drei-König-Treffen von Friedrich I., dem sächsischen Kurfürsten (und zugleich polnischen König) August dem Starken sowie dem dänischen König Friedrich IV. mit einer Yacht von Potsdam zum Gartenfest herbeisegelten. Besonderer Blickfang ist außerdem der Fliesensaal, dessen Wände und Decke mit über 7000 blau-weißen holländischen Fayence-Fliesen ausgekleidet sind. Der kleine Schlosspark, den Peter Joseph Lenné 1820 zum Landschaftsgarten umgestaltete, besitzt eine eigene Schiffsanlegestelle. Der Park lädt nicht nur zum Flanieren am Wasser ein – im ehemaligen Kavalierhaus, das General Heinrich Ludwig August von Thümen 1830 im Stil klassizistischer Landhäuser erbauen ließ, lässt sich auch schön speisen und wohnen.

Der Schwielowsee ist nur zehn Kilometer von Potsdams Zentrum entfernt

Das **Sommerdomizil Albert Einsteins** ➡ aB2 von Architekt Konrad Wachsmann wurde um 1929 in Caputh erbaut. Es besteht aus einem schlichten Holzhaus mit weißen Fensterläden, Flachdach und einer großen Sonnenterrasse. Ganz ohne Luxus kam der Nobelpreisträger

Sommerfrische für Kurfürsten und Koryphäen

Caputh

Caputh, Brandenburg

»Komm nach Caputh, pfeif auf die Welt« – mit diesen Worten lud Albert Einstein seinen Sohn Eduard in sein Sommerhaus ein. Und in der Tat gibt es wohl wenige Orte in der Umgebung von Berlin, an denen sich die Welt auf so angenehme Weise vergessen lässt wie in diesem 4500-Einwohner-Dorf vor den Toren Potsdams. Wegen seiner idyllischen Lage inmitten eines Waldgebiets und an gleich drei Seen war Caputh von jeher eine Zuflucht für Menschen, die dem Trubel der nahen Hauptstadt zeitweilig entfliehen wollten – ab dem 17. Jahrhundert für den brandenburgischen Adel, ab dem 19. Jahrhundert auch für bürgerliche Sommerfrischler.

Heute zeugen vor allem zwei Bauwerke von der historischen Bedeutung des Ortes: das kurfürstliche Schloss und das Einsteinhaus. Das in einem Park unmittelbar am Templiner See gelegene Lustschloss Caputh entstand ab 1662. Die Innenausstattung des eleganten dreiflügeligen Landhauses in Weiß und Ocker ist zum größten Teil noch original: Deckenfresken und Stuckarbeiten, Gemälde und Mobiliar zeugen von barocker Wohnkultur.

Ein besonderes Kleinod ist der mit 7500 holländischen Fliesen ausgestattete Speisesaal im Souterrain. Der gewölbte, im Sommer angenehm kühle Saal des 1999 generalsanierten Schlosses kann ebenso besichtigt werden wie der prächtige Festsaal, die Privaträume der preußischen Herrscherfamilie, zwei weitere Zimmer sowie ein Teil der kurfürstlichen Porzellansammlung. Rund um das malerisch am Ufer der Havel gelegene Schlösschen – übrigens eines der ältesten in der Schlösser- und Seenlandschaft rund um Potsdam – erstreckt sich ein prächtiger Park.

Das Einsteinhaus liegt am nördlichen Ende des Dorfes direkt am Waldrand. In seiner bewussten Schlichtheit entsprach das 1929 erbaute dunkelrote Holzhaus den damaligen Vorstellungen von Funktionalität und Moderne. Bis 1932 verbrachte Einstein hier den Sommer und lud gern andere Geistesgrößen zu sich ein. Heute wird das Haus als Gedenk- und Begegnungsstätte genutzt.

Das Sommerhaus von Albert Einstein in Caputh.

Info: Caputh liegt ca. 10 km südwestlich von Potsdam und 35 km von Berlin. **Info Schloss Caputh:** Straße der Einheit 2, 14548 Caputh, Tel. (03 32 09) 703 45, www.spsg.de, Öffnungszeiten Mai–Okt. Di–So 10–17.30, Nov.–März Sa/So 10–16, April Sa/So 10–17.30 Uhr, Eintritt € 6, ermäßigt € 5. **Info Einsteinhaus:** Am Waldrand 15–17, 14548 Caputh, Tel. (03 31) 27 17 80, www.einsteinsommerhaus.de, Öffnungszeiten April–Okt. Sa/So/Fei 10–18 Uhr, Eintritt € 5, ermäßigt € 2,50.

Fährhaus Caputh am Caputher Gemünde

aus, wenn er sich hier in der warmen Jahreszeit erholte und nach Aussagen von Zeitgenossen besonders glückliche Stunden verbrachte. Unten am See lag seine Jolle »Tümmler«, mit der er immer wieder gern auf den märkischen Gewässern schipperte. »Komm nach Caputh, pfeif auf die Welt«, schrieb er seinem Sohn Eduard und hielt sich selbst an diese Devise. Selbst wenn die Besucher Max Planck, Heinrich Mann oder Liebermann hießen – hier durften getrost die Krawatten gelockert, beengende Jacketts abgelegt, ja sogar Schuhe und Strümpfe ausgezogen werden. Nach der Machtergreifung durch die Nazis war es mit der Idylle allerdings vorbei. Einstein kehrte von einer Vortragsreise in den USA nicht mehr nach Deutschland zurück, sein Sommerhaus wurde konfisziert, später von der Wehrmacht genutzt, bevor es zu DDR-Zeiten als Begegnungsstätte und Gästehaus für Wissenschaftler diente. Inzwischen ist es saniert und steht Besuchern zur Besichtigung offen. Von den Originalmöbeln hat sich die gusseiserne Wanne erhalten, in der der Physiker sein morgendliches Bad nahm. Für Badefreuden nutzen heute Ausflügler das **Strandbad Caputh** ➡ aB1.

Von Caputh geht es weiter nach **Ferch** ➡ aC1, wo die Landschaft noch lieblicher wird. Fischrestaurants, Cafés, kleine Hotels und schöne Seegrundstücke säumen das Ufer. Gleichzeitig führt einen der **Kunstpfad Ferch** auf die Spuren der Kreativen, die sich hier einst niedergelassen hatten und zur Havelländischen Malerkolonie gehörten. Für die sogenannten Pleinair- oder Freiluft-Künstler war die Landschaft rund um die Havel die ideale Inspirationsquelle. Auf kleinstem Raum fanden sie Hügel und Seen, Wälder, Heidelandschaft, Schilfgürtel und Moore, dazwischen boten sich Bauwerke wie die hübsche **Fischerkirche** von Ferch im Fachwerkstil als Motive an.

Begründet hat die Malerkolonie Karl Hagemeister. Um 1877 kehrte er nach Stationen in Wien, Venedig, Brüssel und den Niederlanden in seine Heimat zurück und ließ sich von ihr zu völlig neuen Bildern inspirieren. Zu Hagemeister gesellte sich zeitweise der Wiener Maler Carl Schuch, den er im bayerischen Hintersee kennengelernt hatte. Außerdem kamen Kollegen wie Max Liebermann oder Lovis Corinth zu Besuch, später quartierte sich auch Käthe Kollwitz in einem Anwesen zwischen Caputh und Ferch ein. Nachdem Theodor von Brockhusen, der »deutsche van Gogh«, in Baumgartenbrück den märkischen Frühling verewigte, entdeckte der Düsseldorfer Hans Wacker die Gegend für sich. Spätestens 1928 war Ferch ein weithin bekanntes Malerdorf. Viele Werke der Pleinairisten sind heute im **Museum der Havelländischen Malerkolonie** im Dorfzentrum zu bewundern, das im Kossätenhaus, einer reetgedeckten Fischerkate aus dem 18. Jahrhundert, untergekommen ist.

Kleine Wunderwerke der Natur warten derweil am Ortsausgang von Ferch im **Japanischen Bonsaigarten** auf Freunde der Botanik. Mehr als tausend Miniaturpflanzen, von Satsuki-Azaleen über japanische Zier-

Die historische Dorfkirche in Petzow

Bonsaigarten in Ferch

kirschen bis hin zu feurig-rotem Fächerahorn haben die Betreiber hier versammelt und liebevoll in einen Wandel- und Teegarten mit japanischem Karpfenteich und einem Pavillon für Teezeremonien eingebettet.

Nächste Station am Schwielowsee ist **Petzow** ➡ aC1. So klein der Ort ist – auch hier haben berühmte Garten- und Baumeister Hand angelegt. Zum Beispiel an der **Dorfkirche** mit ihren romanischen Rundbogenfenstern, die bei Hochzeitspaaren besonders beliebt ist, aber auch den schönen Rahmen für Konzerte abgibt. Sie entstand 1842 auf dem Grelleberg nach Plänen Karl Friedrich Schinkels, Gustav Emil Prüfer zeichnete für die Ausführung verantwortlich. Vom Turm bietet sich eine fantastische Aussicht auf die Seenlandschaft der Havel.

Auch das benachbarte **Schloss Petzow**, ein Herrenhaus im englischen Tudorstil mit verspielten Stufengiebeln und Ecktürmchen, geht auf Schinkel zurück. Im angrenzenden **Schlosspark** am Seeufer befindet sich auch eine Schiffsanlegestelle. Das 15 Hektar große Gelände hat kein Geringerer als Peter Joseph Lenné um 1838 gestaltet. Mitten in der kleinen Hügellandschaft liegt der Haussee, um den sich eine Fischerhütte, die alte Schmiede und das **Waschhaus** reihen, das heute ein Heimatmuseum mit Ausstellung zur Kulturgeschichte der Wäschepflege beherbergt.

Verlässt man Petzow in Richtung Geltow, entführt auf der linken Straßenseite der **Frucht-Erlebnis-Garten** ➡ aB1 in die Welt des Sanddorns. Die vitaminreiche, auch »Zitrone des Nordens« genannte Frucht wird hier nicht nur angebaut, sondern auch zu mehr als fünfzig Produkten verarbeitet, vom Gelee über Tee und Saft bis zu Sanddorn-Secco, die im Hofladen erhältlich sind. Im Restaurant Orangerie mit schöner Terrasse am Glindower See können Gäste sich davon überzeugen, wie gut sich Sanddorn-Sauce oder -beize mit Gänsebrust oder Hühnchen vertragen.

Werder ➡ aB1 ist mit seiner **historischen Inselstadt** ein besonders beliebtes Ausflugsziel. Schon von Weitem ist der Turm der neugotischen **Heilig-Geist-Kirche** zu sehen, die im 19. Jahrhundert nach einem Entwurf von Friedrich August Stüler gebaut wurde und das kuriose barocke Ölgemälde »Christus als Apotheker« in sich birgt. Weiteres Wahrzeichen des denkmalgeschützten historischen Stadtkerns ist die jahrhundertealte **Bockwindmühle**. Ringsum säumen niedrige Obstbauer- und Fischerhäuser die kopfsteingepflasterten Straßen. Im Mittelalter von Germanen und Slawen als Fischerdorf gegründet wurde in Werders fruchtbarem Umland später Wein und Obst angebaut. Der Obstanbau spielt auch heute noch eine wichtige Rolle. Daran erinnert nicht zuletzt das alljährlich Ende April/Anfang Mai stattfindende, beliebte **Baumblütenfest**, wenn die Bäume in voller Pracht stehen, ihren betörenden Duft verbreiten und die ausgeschenkten Obstweine so manchen in Rausch versetzen.

Heilig-Geist-Kirche in Werder: »... aus der Ferne betrachtet, eine Kleinstadtkathedrale ...« (Theodor Fontane)

Schloss Petzow

Größtes Volksfest Ostdeutschlands: das Baumblütenfest in Werder

Außerdem befindet sich im ehemaligen Stadtgefängnis ein **Obstbaumuseum**, das anhand von alten Kiepen, Körben, Bildern und anderen Dokumenten die Entwicklung der Obstkammer Berlins illustriert. Doch längst lebt Werder zu einem Gutteil vom Tourismus. Das lässt sich an den vielen Cafés und Fischrestaurants ablesen, die rund um den Markt oder am Seeufer zu finden sind. Zudem haben sich hier viele Künstler niedergelassen, die Besucher in die eine oder andere Galerie locken.

Nicht weit von der Inselstadt entfernt, auf dem **Wachtelberg,** wird seit 1985 wieder Wein angebaut. Wie in der nördlichsten Reblage der Welt die Trauben für roten Dornfelder und weißen Werderaner Wachtelberg reifen, kann man sich bei Weinbergsführungen mit anschließender Verkostung erklären lassen und dabei auch den Blick auf die Umgebung genießen.

Radtour von Schloss Glienicke über die Pfaueninsel zum Wannsee

Weinreben auf dem Wachtelberg

Potsdam und seine seenreiche Umgebung mit dem Rad zu erkunden ist eine wunderbare Möglichkeit, die idyllische Lage dieser Stadt sprichwörtlich am eigenen Leib zu erfahren. Die etwa elf Kilometer lange Strecke zwischen der Glienicker Brücke und Wannsee gehört dabei nicht nur zu den beliebtesten, sondern auch zu den schönsten Zielen.

Aus Potsdam kommend erreicht man die ⑩ **Glienicker Brücke** ➡ aA3 und das dahinter liegende Schloss Glienicke am schnellsten über die Berliner Straße. Viele Radler wählen aber den schöneren Weg durch den Neuen Garten oder durch den Park Babelsberg, zum Beispiel, wenn sie vom S-Bahnhof Babelsberg kommen. Sehr beliebt ist auch die Strecke vom S-Bahnhof Griebnitzsee durch Neubabelsberg und Klein-Glienicke.

Es lohnt sich, noch einen Blick von der Glienicker Brücke auf die Seenlandschaft zu werfen. Von dort aus erschließt sich nicht nur eine wundervolle Aussicht auf den Jungfernsee, die Glienicker Lake und den Tiefen See, sondern auch der sogenannte **Fünfschlösserblick** mit dem barocken Jagdschloss Glienicke, dem neogotischen Schloss Babelsberg, dem barocken Schlösschen Sacrow, dem Ruinenschlösschen auf der Pfaueninsel und der klassizistischen Schlossanlage Glienicke.

Nur wenige Hundert Meter weiter erhebt sich **Schloss Glienicke** ➡ aA3 mit seinen zahlreichen Nebengebäuden. Nicht ohne Grund wirkt es auf den Betrachter wie ein italienisches Landschloss, denn der Auftraggeber, Prinz Carl von Preußen, war 1823 gerade von einer Italienreise zurückgekehrt und offenbar so beeindruckt von der italienischen Baukunst, dass er beschloss, sich sein kleines Stück Italien in Glienicke errichten zu lassen. Architekt war niemand Geringeres als Karl Friedrich Schinkel, nach dessen Entwürfen ein bereits bestehendes Herrenhaus in eine klassizistische Villa umgebaut wurde. Gleiches geschah mit einem ehemaligen Billardhaus, aus dem ein Casino wurde. Für die Umgestaltung des Geländes nach englischem Vorbild in Blumengarten, Pleasureground und Park beauftragte Carl von Preußen den Gartenarchitekten Peter Joseph Lenné. Heute ist in dem Schloss ein Museum untergebracht, in dem Schinkel-Möbel und Kunstgegenstände aus dem Besitz des Prinzen Carl gezeigt werden. Außerdem finden hier regelmäßig Konzerte statt. Einen Überblick über die Geschichte der preußischen Hofgärtner erhält man im Hofgärtnermuseum im Westflügel. Von der überdachten Rundbank (Stibadium) eröffnet

Führung an der Glienicker Brücke

Bella Italia in Germania!

Schloss Glienicke und Park

Berlin

Für die Schönheit des Schlosses hatte der US-amerikanische Pilot Captain Powers keine Augen, er war froh, als er als erster Spion 1962 auf der Glienicker Brücke gegen einen Agenten der UdSSR ausgetauscht wurde.

Dabei hätte er nur leicht nach links schauen müssen, um das im italienischen Stil errichtete Jagdschloss Glienicke zu entdecken.

Prinz Carl von Preußen wollte mit diesem Schloss keine Frau gewinnen und keine Grenze sichern. Er war von einer Italienreise derart begeistert und fasziniert, dass er ein Stück seines Lieblingslandes auch zu Hause um sich haben wollte. Kurzerhand ließ er Schloss Glienicke von Karl Friedrich Schinkel so umbauen, dass es auch nach Rom oder Mailand gepasst hätte.

Wer den Park, gestaltet von dem Gartenarchitekten Peter Joseph Lenné, bis zum Schloss durchschritten hat, der wird empfangen von der Löwenfontäne, einem einer Anlage aus der Villa Medici in Rom nachempfundenen Brunnen. Dahinter öffnet sich das Schloss in seiner ganzen klassizistischen Schönheit. Schinkel und Lenné haben es geschafft, Park und Schloss zu einer Einheit zu komponieren, und dabei den Wünschen ihres Auftraggebers nach Flair und Ambiente Italiens entsprochen. Die Fassade gestaltete Schinkel so um, dass er die verspielten barocken Elemente durch die klare und gradlinige Formensprache des Klassizismus ersetzte. Er machte aus dem ehemaligen Landhaus ein Schloss.

Schloss Glienicke – der steingewordene preußische Traum von Arkadien.

Heute wird das Schloss als Museum genutzt. Ein Teil davon befasst sich mit dem Leben des Prinzenpaars Carl von Preußen und seiner Frau Marie. Ihre Räume, die von Karl Friedrich Schinkel nicht nur entworfen, sondern auch eingerichtet wurden, vermitteln einen Eindruck vom Leben des Hochadels im 19. Jahrhundert. Der zweite Teil des Schlossmuseums ist den unbekannten Hofgärtnern gewidmet. Die fantastische Parkanlage ist zwar der Planung des Genies Lenné zu verdanken, aber ohne das Können und das Engagement der zahlreichen Hofgärtner hätten diese Pläne nie realisiert werden können. Wer danach noch genial speisen möchte, der sollte dem Restaurant in der Remise einen Besuch abstatten – ein wahrhaft krönender Abschluss für den Besuch eines königlichen Schlosses.

Info: In Berlin-Wannsee, an der Grenze zu Potsdam gelegen. **Info Schloss Glienicke:** Königsstr. 36, 14109 Berlin, Tel. 03 31-96 94-200, www.spsg.de, Öffnungszeiten April–Okt. tägl. außer Mo 10–18, sonst nur Sa/So 10–16 Uhr, Jan./Feb. ganz geschl., Eintritt € 6, ermäßigt € 5. **Info Schloss Glienicke Restaurant Remise:** Tel. (030) 805-40 00, www.schloss-glienicke.de, Öffnungszeiten Mi–So 12–21 Uhr.

Blick auf Kamin und Fenster im Roten Saal von Schloss Glienicke

sich dem Besucher ein Panoramablick über Potsdam.

Auf dem Berliner Mauerweg geht es entlang des Jungfernsees weiter bis zur **Anlegestelle Krughorn,** an der das Potsdamer Wassertaxi regelmäßig Halt macht und von wo aus man einen tollen Ausblick auf die **Sacrower Heilandskirche** ➡ aA3 am gegenüberliegenden Ufer hat. Die von einem Säulengang umgebene und von einem freistehenden Campanile (Glockenturm) überragte Basilika wurde 1841–44 nach Plänen von Ludwig Persius errichtet und verkörpert den letzten und wohl schönsten Baustein des »preußischen Arkadiens«, das sich Friedrich Wilhelm IV. in der Potsdamer Schlösser- und Gartenlandschaft erträumte.

Nach kurzer Fahrt gelangt man zum **Wirtshaus Moorlake,** das auf eine über hundertjährige Geschichte zurückblicken kann. Bereits 1840 wurde es im Auftrag von Friedrich Wilhelm IV. zu Ehren seiner aus Bayern stammenden Gemahlin Elisabeth von Wittelsbach erbaut. Seit 1896 wird es als Gaststätte genutzt. Etwa auf halbem Weg zwischen dem Wirtshaus Moorlake und dem nächsten Ziel, der Pfaueninsel, führt ein Weg nach rechts hinauf zur evangelischen Kirche **St. Peter und Paul auf Nikolskoe,** die zwischen 1834 und 1837 für die Bewohner der Pfaueninsel und von Klein Glienicke auf Erlass des Königs Friedrich Wilhelm III. erbaut wurde. Der russische Name der Kirche geht auf das 1818 erbaute **Blockhaus Nikolskoe** ganz in der Nähe zurück, ebenfalls im Auftrag von Friedrich Wilhelm III. anlässlich eines Besuches des Zaren Nikolaus I. mit seiner Gemahlin Charlotte, der Tochter Friedrich Wilhelms III., errichtet. Heute ist in dem Blockhaus ein Ausflugsrestaurant mit rustikaler deutscher Küche und Aussichtsterrasse untergebracht.

Will man diesen Abstecher bergauf nicht auf sich nehmen, kann man gleich weiter entlang des Ufers bis zum **Wirtshaus zur Pfaueninsel** fahren. Davor setzt eine Fähre zur **Pfaueninsel** ➡ aA3 über. Die Fahrräder müssen allerdings bei der Anlegestelle zurückgelassen werden. Die 67 Hektar große Insel bietet weitaus mehr als freilaufende Pfauen: Friedrich Wilhelm II., Neffe Friedrichs des Großen, war die treibende Kraft hinter der Gestaltung dieser Insel, auf die er sich bereits als junger Kronprinz mit seiner Geliebten Wilhelmine Encke übersetzen ließ. Wichtigstes Bauwerk ist ein kleines Schloss an der Westspitze der Insel, das nach Plänen von Johann Gottlieb Brendel im romantischen Ruinenstil erbaut wurde. Weiterhin sind die Russische Rutschbahn, der Fregattenhafen, das Schweizerhaus und das Kavaliershaus sehenswert. Krimifans dürfte die Szenerie übrigens bekannt vorkommen: In den 1960er Jahren wurden hier mehrere Filme der beliebten Edgar-Wallace-Reihe gedreht. Auch in die Literatur fand die Pfaueninsel 2014 Eingang mit dem gleichnamigen Roman Thomas Hettches, der sich dem Leben eines auf der Insel beheimateten kleinwüchsigen Hoffräuleins widmet.

Verlässt man die Anlegestelle Pfaueninsel Richtung Wannsee, kommt man an einer Busendhaltestelle vorbei, bei der ein unbefestigter Radweg nach links abzweigt und bis Wannsee direkt am Havelufer entlangführt. Hier passiert man verschiedene **Badestellen** mit schönen Ausblicken, die von breiten Schilfgürteln unterbrochen werden. An vier dieser Badestellen sind Rettungsstationen der DLRG installiert. Am Ende des unbefestigten Weges geht es in der Siedlung Heckeshorn beim Restaurant **Bootshaus Bolle** ein kleines Stück hinauf, wo bereits

Der Name ist Programm: Pfau auf der Pfaueninsel

Märchenhafte Landschaft

Pfaueninsel

Berlin

Wie ein Märchen steigt ein Bild aus meinen Kindertagen vor mir auf: ein Schloss, Palmen und Kängurus; Papageien kreischen; Pfauen sitzen auf hoher Stange oder schlagen ein Rad, Volieren, Springbrunnen, überschattete Wiesen, Schlängelpfade, die überall hinführten und nirgends; ein rätselvolles Eiland, eine Oase, ein Blumenteppich inmitten der Mark.« Wenn der deutsche Dichter Theodor Fontane an die Pfaueninsel dachte, ein Naturschutzgebiet zwischen Berlin und Potsdam, geriet er ins Schwärmen. Auch von einem aktuellen Literaten kann man etwas über das verwunschene und bildschöne Eiland im Süden der Havel, seit 1990 UNESCO-Weltkulturerbe, erfahren: Thomas Hettche hat es als Schauplatz seines im 19. Jahrhundert angesiedelten Romans »Pfaueninsel« gewählt.

Das Schloss Friedrich Wilhelms II. auf der Pfaueninsel.

Der Preußenkönig Friedrich Wilhelm II. ließ die Insel Anfang des 19. Jahrhunderts zu seinem Sommersitz ausbauen, der jedoch an bestimmten Tagen auch für die Öffentlichkeit zugänglich war. Jeder Quadratmeter wurde künstlich gestaltet. Während der berühmte Gartenkünstler Peter Joseph Lenné die Insel in eine märchenhafte Landschaft verwandelte, sorgten namhafte Architekten für fantasievolle Bauwerke. So ist das Weiße Schloss bereits 1797 als verfallenes römisches Landhaus geplant worden. Ebenso wurde die Meierei am anderen Ende der Insel als eingefallene gotische Klosterruine errichtet. Die preußischen Könige nutzten das zweigeschossige Wohnhaus mit Ställen, um Bauer zu spielen. Fernab von der höfischen Etikette gefielen sich die Majestäten darin, Butter zu rühren oder Kühe zu melken. Karl Friedrich Schinkel schuf 1824 bis 1826 das Kavaliershaus in der Inselmitte, in dem eine gotische Hausfassade aus Danzig integriert ist. Auf dem eineinhalb Kilometer langen und einen halben Kilometer breiten Eiland wurden 1797 nicht nur frei laufende Pfauen angesiedelt. Im Privatzoo gab es eine Bärengrube, Gehege für Kängurus und Lamas, Hirsche und Wasserbüffel.

Heute leben neben den etwa 100 Pfauen noch zahlreiche weitere exotische Vögel, teilweise in Volieren untergebracht, auf dem 67 Hektar großen Gelände. Auf einem alten Bauernhof im Nordosten gibt es zudem Pferde und Gänse.

Die Insel ist über eine Fähre vom Düppeler Forst aus erreichbar. Die Zufahrt zur Anlegestelle erfolgt über den Nikolskoer Weg. Bei Wanderungen können auch die historischen Gebäude besichtigt werden, allerdings ist das Schloss bis 2024 wegen Sanierung geschlossen.

Info: In Berlin-Wannsee gelegen. **Info Pfaueninsel:** Pfaueninselchaussee, 14109 Berlin-Zehlendorf, Tel. (030) 969 42 00, www.spsg.de. Fähre: April–Okt. 10–18, Nov.–März 10–16 Uhr, Ticket € 4, ermäßigt € 3. Schloss bis 2024 geschl. Besichtigung Meierei: April–Okt. Sa/So/Fei 10–17.30 Uhr, Eintritt € 3/2, Tickets vorab im Fährhaus kaufen.

der **Flensburger Löwe** ➡ aA3 auf einen wartet. Es ist nur eine Kopie, denn das Original ließen die Dänen anlässlich der 1850 gewonnenen Schlacht bei Idstedt anfertigen und in Flensburg aufstellen. Vom Berliner Flensburger Löwen aus hat man einen wunderbaren Ausblick auf den Wannsee und das gegenüberliegende **Strandbad Wannsee** ➡ aA3, dem mit 1275 Metern längsten Binnenseebad Europas.

Hinter dem Löwen führt ein Weg zur Straße Am großen Wannsee, wo linker Hand das **Haus der Wannsee-Konferenz** ➡ aA3 an ein dunkles Kapitel der Geschichte erinnert: Hier besprachen am 20. Januar 1942 fünfzehn hochrangige Vertreter der SS, der NSDAP und verschiedener Reichsministerien die Kooperation bei der geplanten Deportation und Ermordung der europäischen Juden. Seit 2006 informiert die ständige Ausstellung »Die Wannsee-Konferenz und der Völkermord an den europäischen Juden« über das folgenreiche Ereignis.

Nun ist es auch nicht mehr weit zur Max-Liebermann-Villa, allerdings darf auf der Einbahnstraße nicht in verkehrter Richtung gefahren werden. Aus diesem Grund geht man entweder zu Fuß oder nimmt den recht großen Umweg über die Straße Zum Heckeshorn und die Koblanckstraße in Kauf. Mit der **Max-Liebermann-Villa** ➡ aA3 ist das Sommerhaus des bekanntesten deutschen Impressionisten Max Liebermann gemeint. Nicht nur die Villa, sondern auch der Garten wurden vor einigen Jahren detailgenau rekonstruiert.

Das größte Binnenseebad Europas: Strandbad Wannsee

Gedenkstätte Haus der Wannsee-Konferenz

Im Obergeschoss sind einige der über 200 Gartenbilder zu sehen, die der Maler an diesem Ort angefertigt hat. Eine multimediale Ausstellung informiert über die Geschichte der Familie Liebermann und des Hauses.

Nun wäre eigentlich der kürzeste Weg, zum Bahnhof Wannsee zu gelangen, die Straße Am großen Wannsee weiterzufahren. Doch da es eine Einbahnstraße ist, bleibt einem nichts anderes übrig als zu schieben oder zurückzufahren und dann über die Straßen Zum Heckeshorn, die Straße zum Löwen und die Conradstraße bis zur verkehrsreichen **Königsstraße** zu fahren. Dort gibt es zwei Optionen: Entweder geht es nun nach rechts zurück nach Potsdam oder nach links zum Bahnhof Wannsee. Entscheidet man sich dafür, mit der Regionalbahn oder der S-Bahn zurück nach Potsdam zu fahren, kommt man an der **Anlegestelle Wannsee** vorbei, von der aus zahlreiche Schiffe zu verschiedenen Zielen des Wannsees und der Havel fahren. Etwas weiter geht es dann über den Kronprinzessinnenweg zum **Bahnhof Wannsee** ➡ aA3.

Für Interessierte bietet sich auf der anderen Seite der Abzweigung des Kronprinzessinnenweges von der Königsstraße noch die Möglichkeit an, das **Kleistgrab** ➡ aA3 am Kleinen Wannsee zu besuchen. Ein beschilderter Weg führt nach wenigen hundert Metern zu dem Ort, an dem sich Heinrich von Kleist und seine schwerkranke Freundin Henriette Vogel am 21. November 1811 das Leben nahmen. Sehr aufschlussreich sind Audioguides, mit denen Besucher entlang eines Hörspiel-Parcours geführt werden. Die Geräte dafür können am Bahnhof Wannsee ausgeliehen werden.

Villa von Max Liebermann am Wannsee

Schloss Glienicke ➡ B13
Königstr. 36, ✆ (03 31) 969 42 00, www.spsg.de
April–Okt. Di–So 10–18, Nov.–März Sa/So 10–16 Uhr, Jan./Feb. geschl., Eintritt € 6/5
Von Schinkel entworfen, heute ein Museum.

Wirtshaus Moorlake ➡ aA3
Moorlakeweg 6, ✆ (030) 805 58 09, www.moorlake.de
Tägl. 10.30–19 Uhr
Idyllisch in einer Havelbucht gelegenes Ausflugslokal. €–€€

Wirtshaus zur Pfaueninsel ➡ aA3
Pfaueninselchaussee 100
✆ (030) 805 22 25, www.pfaueninsel.de
Mi–So/Fei 12–19 Uhr
Für die Stärkung vor dem Besuch der Pfaueninsel. €–€€

Der Idstedt Löwe, eine Kopie von 1874, wacht über den Wannsee

Bootshaus Bolle ➡ aA3
Am Großen Wannsee 60
✆ (030) 28 83 30 22, www.boothaus-bolle.de
Deutsche Küche mit Seeblick. €–€€

Haus der Wannsee-Konferenz ➡ aA3
Am Großen Wannsee 56–58
✆ (030) 805 00 10, www.ghwk.de
Tägl. 10–18 Uhr, Eintritt frei, Führungen auf Anfrage
Hier wurde der Völkermord an den europäischen Juden beschlossen.

Max-Liebermann-Villa ➡ aA3
Colomierstr. 3, ✆ (030) 80 58 59 00
Tägl. außer Di April–Sept. 10–18, Okt.–März 11–17 Uhr
Eintritt € 10/6
Sommerhaus des Malers mit schönem Garten und einigen Werken.

Ausflug zum Schloss Marquardt

An Schlössern herrscht in und um Potsdam wahrlich kein Mangel. Doch keines ist wie **Schloss Marquardt** am Schlänitzsee. Fontanes Spukschloss, bei dem der Putz von der Fassade bröckelt, die Seeterrasse meist ebenso verwaist ist wie die leerstehenden Innenräume, umweht etwas Geheimnisvolles. Wie der Dichter in seinen »Wanderungen durch die Mark Brandenburg« schreibt, soll sich hier König Friedrich Wilhelm II. mit Rosenkreuzern zu spiritistischen Sitzungen in der Blauen Grotte getroffen haben. Später wollen Dorfbewohner das Gespenst der Witwe eines der Schlossherrn gesehen haben.

Ein ganzes Geschichtsbuch könnte man mit den wechselnden Besitzern füllen: adlige Gutsherren, Hofmarschälle, Generäle, Kommerzienräte … 1313 wurde Marquardt – damals Schorin – erstmals urkundlich erwähnt. Nachdem das Gut an König Friedrich I. fiel, schenkte er es 1704 dem Geheimen Staats- und Kriegsrat Marquard Ludwig von Printzen. Fast ein Jahrhundert später lud Freimaurer und Generalmajor Hans Rudolf von Bischoffwerder König Friedrich Wilhelm II. zu geheimnisvollen Geisterbeschwörungen in der Blauen Grotte ein. Seine Erben beauftragten Peter Joseph Lenné mit der Anlage eines englischen Landschaftsgartens. Weitere hundert Jahre später betrieb Kempinski in dem neobarocken Kolossalbau mit Rokoko-Elementen ein Luxushotel. Bald darauf diente es als Lazarett, Unterkunft für Heimatvertriebene und Versuchsstation für Agrarbiologie. Der schillernde Ort hat auch Filmleute inspiriert: Marquardt war unter anderem Kulisse von Steven Spielbergs »Bridge of Spies« mit Tom Hanks. Im Sommer geht hier auch so manche Hochzeit über die Bühne.

Der wunderbare **Schlosspark** mit jahrhundertealten Eichen am Schlänitzsee steht Spaziergängern offen. Nach einem Rundgang kann man sich in der Hauptstraße im **Alten Krug** mit herzhafter Küche stärken oder gegenüber im **Lavendelhof** zu Kaffee und Kuchen oder Holzofenpizza im Garten niederlassen.

Schloss Marquardt ➡ nördl. aA1
Hauptstraße 14, Potsdam-Marquardt
✆ (0171) 844 43 85, geöffnet bei Veranstaltungen
Geheimnsvolles Schloss mit tollem Park am See.

Für viele ein Geheimtipp: Schloss Marquardt

Ausflug nach Beelitz-Heilstätten

Beelitz ➡ südl. aC1 steht zuallererst für Spargel. Denn das Stangengemüse, das rund um das 12 000 Einwohner zählende Städtchen etwa 20 Kilometer südlich von Potsdam auf dem sandigen Boden der Beelitzer Heide wächst, zählt zu den bekanntesten Spargelsorten Deutschlands. Angefangen hat es mit Carl Friedrich Wilhelm Hermann, der 1861 die ersten Spargeldämme anlegte. Mehr darüber lässt sich im **Spargelmuseum** in Beelitz erfahren. Sehenswert sind in dem hübsch restaurierten Ackerbürgerstädtchen mit seinen denkmalgeschützten Häusern auch die Pfarrkirche St. Marien und das kleine **Museum in der Alten Posthalterei**, das die früheren Postwege erlebbar macht. Am ersten Wochenende im Juni lockt das traditionelle Spargelfest Zehntausende Besucher in die Stadt, die von Potsdam aus leicht mit Bus und Regionalbahn erreichbar ist. Für zusätzliche Attraktionen sorgt die Landesgartenschau, die 2022 in und um Beelitz stattfindet.

Ein besonders interessanter Ortsteil ist **Beelitz-Heilstätten** ➡ südl. aC1, das nordwestlich der Stadt mit eigenem Bahnanschluss liegt. Deutschlands größtes Flächendenkmal, das Namensgeber der Siedlung ist, besteht aus 60 Gebäuden in schöner Waldlandschaft, die großteils (noch) Ruinen sind. Von 1898 bis 1930 erbaut waren in dem Komplex eine Lungenheilanstalt und ein Sana-

Im Rahmen von Führungen sind die verfallenen Gebäude der ehemaligen Lungenheilanstalt zu besichtigen

Eine Klinik im Dornröschenschlaf

Beelitz-Heilstätten und Baumkronenpfad »Baum & Zeit«

Beelitz, Brandenburg

Eigentlich ist das märkische Beelitz für seinen Spargel berühmt, liegt es doch inmitten des größten Spargelanbaugebiets in Brandenburg. Doch das Städtchen nahe Potsdam hat noch mehr zu bieten: Im Ortsteil Heilstätten befindet sich ein einzigartiges denkmalgeschütztes Ensemble aus 60 Gebäuden, die der Siedlung ihren Namen gaben, denn sie gehörten ursprünglich zu einem Sanatorium. Zwischen 1898 und 1930 ließ die Landesversicherungsanstalt Berlin den Komplex als Lungenheilanstalt für die Arbeiter der Hauptstadt errichten, später kamen weitere Klinikbereiche hinzu. Nach dem Zweiten Weltkrieg übernahm die Rote Armee das Gelände als größtes Militärkrankenhaus außerhalb der Sowjetunion; einer der letzten Patienten hieß Erich Honecker.

Seit 1994 stehen die durch Verfall stark in Mitleidenschaft gezogenen Jugendstilgebäude leer, doch das heißt nicht, dass hier nichts mehr passiert. Im Gegenteil: Ein Bereich des über 200 Hektar großen Areals wird gerade touristisch erschlossen, woanders entstehen Büros und Wohnungen. Spannend für Besucher sind vor allem die Erlebnisführungen durch einige der historischen Klinikgebäude: Ihre wie aus der Zeit gefallene und geradezu verwunschene Atmosphäre hat schon namhafte Regisseure wie etwa Roman Polanski zu Dreharbeiten inspiriert, auch finden hier immer wieder künstlerische Events statt.

Seit einiger Zeit ist das Gelände auch von oben zu besichtigen: Im September 2015 eröffnete der zurzeit 750 Meter lange Baumkronenpfad »Baum & Zeit«. In 23 Metern Höhe können Spaziergänger durch die Wipfel der Parkbäume wandeln und dabei das gesamte ehemalige Klinikareal überblicken. Der Pfad ist barrierefrei.

Morbider Charme in einem leerstehenden Gebäude auf dem Gelände der ehemaligen Lungenheilstätten in Beelitz.

Info: Beelitz-Heilstätten liegt ca. 40 km südwestlich von Berlin. **Info Beelitz-Heilstätten:** Straße nach Fichtenwalde 13, 14547 Beelitz-Heilstätten, Tel. (03 32 04) 391 55, https://beelitz.de. **Info Baumkronenpfad »Baum & Zeit« und Führungen:** Straße nach Fichtenwalde 13, 14547 Beelitz-Heilstätten, Tel. (03 32 04) 63 47 23, www.baumundzeit.de, öffentliche Führungen finden an allen Öffnungstagen des Baumkronenpfads (vgl. Website) mehrfach statt.

torium für die Angestellten der Landesversicherungsanstalt Berlin untergebracht. Da in den Heilstätten bald nicht nur ansteckende Lungenleiden, sondern auch Verdauungs-, Stoffwechsel- oder Herzkrankheiten behandelt wurden, musste die Bettenzahl von 600 auf mehr als 1200 augestockt werden. Nach dem Zweiten Weltkrieg übernahmen die Rote Armee und dann die Sowjetarmee bis 1994 das Gelände als Militärkrankenhaus. Einer der letzten Patienten soll der an Leberkrebs erkrankte Erich Honecker gewesen sein, bevor er mit seiner Frau Margot 1991 nach Moskau ausgeflogen wurde.

Ein Teil der Gebäude wurde inzwischen renoviert oder durch Neubauten ersetzt, so sind auf dem Gelände heute u. a. ein Neurologisches Fachkrankenhaus und eine Kinder- und Jugendklinik ansässig. Der Quadrant D wird derzeit zu einem »Creative Village« mit Atelierwohnungen für Kreative umgebaut. Der größere Teil der denkmalgeschützten Jugendstilgebäude verfällt jedoch seit dem Abzug der Sowjets. Markant ist, dass in einigen Häusern noch das verrottete Kinikmobilar wie alte Operationstische stehen, viele Wände sind mit Graffitis übersät.

Die geheimnisvolle Stimmung zieht seit Jahren Fotojournalisten und Filmcrews an. Filme wie »Operation Walküre« von und mit Tom Cruise oder »Der Pianist« von Roman Polanski wurden hier gedreht. Nachdem der zunehmende Verfall und Vandalismus den Gebäuden jahrelang zugesetzt hatten, hat der Verein Baum und Zeit diese 2015 Besuchern zugänglich gemacht und bietet empfehlenswerte Führungen auf dem Gelände, u. a. auch Taschenlampenführungen. Inzwischen lassen sich die für die damalige Zeit äußerst innovativen Bauten wie das Alpenhaus oder die Chirurgie auch aus den luftigen Höhen des **Baumkronenpfads** bewundern.

Hier geht's hoch hinaus: Treppe zum Baumkronenpfad

Zu den Ruinen gesellt sich inzwischen auch Brandenburgs größter **Barfußpark**. Auf mehr als drei Kilometern können Besucher an 60 Erlebnisstationen die Sinne ihrer Füße erweitern, indem sie über kitzelndes Stroh, Schlamm, Lehm, piksende Bucheckern, Steine, Tannenzapfen, feinen Sand oder sogar Glasscherben gehen. Dazu gibt es Riech- und Tast-Kästen, Klangkugeln, Hörrohre, ein Baumtelefon, Sandpendel, ein Kugellabyrinth und ein Gruppenxylophon sowie einen Wildkräutergarten auf den drei Barfußwegen durch die Laub-, Nadel- und Birkenwälder.

Vom Baumkronenpfad bietet sich ein wunderbarer Blick über die Heilstätten

Tourist Information Beelitz ➡ südl. aC1
Poststr. 15, 14547 Beelitz
✆ (03 32 04) 391 55, https://beelitz.de
April–Sept. Mo, Mi 9–15, Di 9–18, Do/Fr 9–17, Okt.–März Di 9–18, Do/Fr 9–17 Uhr

Spargelmuseum ➡ südl. aC1
Mauertr. 12, Beelitz, ✆ (0151) 11 64 09 34
April–Okt. Di, Do 11–16 Uhr, Eintritt € 3/2
Ausstellung zur Geschichte des Edelgemüses.

Museum Posthalterei ➡ südl. aC1
Poststr. 16, Beelitz, ✆ (03 32 04) 391 55
Di–Do 10–16 Uhr, Eintritt € 3/2
Unterhaltsamer Blick hinter die Kulissen des Postwesens.

Baumkronenpfad »Baum & Zeit« ➡ südl. aC1
Straße nach Fichtenwalde 13, Beelitz-Heilstätten
✆ (03 32 04) 63 47 23, www.baumundzeit.de
April–Sept. tägl. 10–19 Uhr, März und Okt./Nov. tägl. 10 Uhr bis Sonnenuntergang, Dez.–Feb. Do–So 10–16 Uhr
Eintritt € 13,50/10 (7–17 J.)
Führungen (€ 10–15) vgl. Website
Baumkronenpfad und historische Führungen durch einige Gebäude der Heilanstalt.

Barfußpark ➡ südl. aC1
Straße nach Fichtenwalde 13, Beelitz
✆ (01 62) 290 99 99, www.derbarfusspark.de
Mitte April–Sept. tägl. 10–18, Sa/So bis 19 Uhr
Eintritt € 7,50/5,50
Der Natur-Erlebnis-Park spricht alle Sinne an.

Royale Überraschungen

Potsdam ist mehr als nur eine Stadt. Potsdam ist ein Gefühl. Ein Lebensgefühl, das früher schon die Kaiser und Könige spürten und mit verträumten Schlössern und prachtvollen Parks sichtbar machten.

Noch heute finden aufmerksame Besucher in Potsdam zahlreiche liebenswerte Spinnereien. Eine rätselhafte Pyramide oder ein Viadukt im Stil der Römer sind nur zwei der ungewöhnlichen Highlights.

Sans souci. Die Sorgen vergessen kann man in Potsdam vorzüglich. Wenn man mit dem Fahrrad am Havelufer entlangradelt. An lauschigen Sommerabenden vom Tretboot aus die Füße in den See streckt. Oder auf den Wegen der Schlossgärten lustwandelt. Eine Entdeckertour kann inmitten der Stadtnatur beginnen – mit einer abwechslungsreichen Wanderung.

Für eine Auszeit das perfekte Ziel: der Heilige See

REISEBLOG
Potsdam

Die Gotische Bibliothek am Südufer des Heiligen Sees

Lustwandeln im Welterbe:
Wanderung um den Heiligen See

Start:
Gotische Bibliothek ➔ D9
Mangerstr. 42
Tram 93: Schiffbauergasse

Dauer:
1–2 Stunden

Strecke:
ca. 3,5 km

Tageszeit:
Tägl. 8 Uhr bis Einbruch der Dunkelheit

Wo man das sagenhafte Potsdam-Gefühl besonders gut wahrnehmen kann? Am Heiligen See mitten im UNESCO-Welterbe, zwischen Palästen und Türmchen, neben knorrigen Eichen und hinter romantischem Schilf.

Gerade mal 1300 Meter ist der See lang und lässt sich bei einer Breite von 300 Metern prima umwandern. Von der Innenstadt kommend ist die Gotische Bibliothek ein guter Startpunkt. Das markante Bauwerk am Südufer moderte zu DDR-Zeiten leise vor sich hin, bis es Mitte der 1990er Jahre nach einem feudalen Geschenk der Stadt Berlin aus dem Dornröschenschlaf erweckt wurde. Beliebt ist der Pavillon als Fotospot bei Brautpaaren, die hinter Treppchen und Geländern posieren. Von der Terrasse direkt am See ist der Ausblick herrlich.

Läuft man nach rechts am Ostufer entlang, stellt sich nach 150 Metern ein halbrundes Geländer in den Weg. Dahinter thronen herrschaftliche Villen mit direktem Zugang zum malerischen See. Zu sozialistischen Zei-

Pyramide im Neuen Garten

ten verfielen die Prachtbauten, bis sich in den 1990er Jahren Investoren und Berühmtheiten die Sahnestücke schnappten.

Man entfernt sich einige Meter vom Wasser und läuft gegen den Uhrzeigersinn die Mangerstraße entlang. Schaut über Zäune und Mauern auf anmutige Bauwerke, die sich scheu hinter akkurat gestutzten Hecken verbergen. Nach 500 Metern gabelt sich der Weg und es geht links weiter auf die Seestraße. Hat man die herrschaftlichen Gemäuer von der Straßenseite aus gebührend bewundert, gelangt man zur Hasengrabenbrücke mit ihrem eisernen Tor.

Geschützt von schlichtem Geländer führt der Weg auf Holzbohlen direkt in den Neuen Garten. Hier bietet sich dem Besucher zu jeder Jahreszeit ein traumhafter Anblick. Einige Hundert Meter weiter rechts eröffnet sich eine wunderbare Aussicht auf die Havel und den Jungfernsee.

Lässt man sich im Neuen Garten treiben, ist Erstaunliches zu entdecken. Ein fensterloses Häuschen – komplett mit Borke verkleidet – gibt Rätsel auf. Es handelt sich um die Eremitage, die 1964 der DDR-Grenze zum Opfer fiel und erst im Jahr 2007 mit Spenden wiederaufgebaut wurde. Die wertvolle Weltkarte, die einst den Boden zierte, ist bis heute verschollen. Wenige Minuten später lässt eine bezaubernde Elefantenbuche die Herzen höher schlagen. Das 100 Meter entfernte Kühlhaus in Form einer Pyramide erscheint wie eine weitere Verrücktheit des Potsdamer Adels aus vergangenen Zeiten.

Verschlungene Parkwege führen zum ehemaligen Sommerschloss des Alten Fritz. Das Marmorpalais am Westufer des Heiligen Sees bietet dem Besucher einen erhabenen Anblick. In sozialistischen Zeiten thronten wuchtige Panzer auf der pompösen Terrasse, im Schloss war fast 30 Jahre lang das Deutsche Armeemuseum untergebracht. Die letzten Waffen wurden 1990 aus den königlichen Gemächern entfernt. Heute hat man von hier einen einzigartigen Blick auf die prominenten Villen der anderen Uferseite.

Erfüllt von all den Eindrücken erreicht man nach knapp vier Kilometern Fußweg den Ausgangspunkt, die Gotische Bibliothek. Natürlich lässt sich der See in weniger als einer Stunde umrunden. Doch zauberhafte

REISEBLOG
Potsdam

Sichtachsen, historische Bauten und die herrliche Natur laden zum Verweilen ein. Der geübte Potsdam-Tourist hat zudem einen Picknick-Rucksack samt Decke dabei.

Besonders hinreißend ist der Heilige See in den Abendstunden – wenn die Sonne ihre warmen Farben über den Himmel verteilt und die Wasseroberfläche die bunten Lichtkleckse tausendfach widerspiegelt. Irgendwo vom Ufer des Schlossparks trägt der Wind leise Musik herüber, von entspannten Potsdamern, die sich im Park treffen.

Nach dem glänzenden Start im Herzen der Stadt bietet sich ein Besuch beim König der Lüfte an: Auf geht es zum höchsten Berg von Potsdam (vgl. folgende Seiten). Zum Ausgangspunkt dieser Tour im Stadtteil Waldstadt fährt ab Schiffbauergasse die Tram 93 (Station Zum Kahleberg). Die letzten 1500 Meter erklimmt man zu Fuß. Doch bevor es in die Berge geht, kann man sich in der Innenstadt noch den besten Burger der Stadt gönnen. Das Restaurant Waikiki Burger versprüht mit seiner Surfer-Deko chilliges Urlaubsfeeling. Aloha!

Tipp: Von der Gotischen Bibliothek bis zum Einstieg in die nächste Tour, dem Falkenhof Ravensberg, sind es mit dem Fahrrad nur rund sieben Kilometer.

Waikiki Burger ➔ E7
Dortustr. 62
✆ (03 31) 86 74 54 15, www.waikiki-burger.de
Di–Do 12–19, Fr 12–20, Sa 12–22 Uhr

Das Marmorpalais am Westufer des Heiligen Sees

Hoch hinauf: Ravensberge, verteufelte Seen und majestätisches Gefieder

Start:
Falkenhof Ravensberg
➡ aB2
Ravensberggestell 2
Tram 91, 93:
Zum Kahleberg

Eintritt:
Kleiner Ravensberg frei, Falkenhof kostenpflichtig

Gut zu wissen:
Das Auto sollte man unten stehen lassen. Am Falkenhof Ravensberg gibt es nur wenige Parkplätze und diese sind für Menschen mit Handicap vorgesehen.

Berge in Potsdam? Gibt es – auch wenn sie im Vergleich mit den Alpen mickrig erscheinen. Der Kleine Ravensberg im Süden bringt es auf stolze 114 Meter und ist damit die höchste Erhebung der brandenburgischen Hauptstadt. Inmitten des Landschaftsschutzgebiets ist er besonders für Naturfreunde interessant. Die landschaftlich reizvolle Gegend ist selbst unter Potsdam-Kennern ein Geheimtipp. Warum sie sehenswert ist? Spannende Bauten, gewaltige Raubvögel und knarzende Kiefern sind starke Argumente.

Startpunkt der Erkundungstour ist der Falkenhof Ravensberg. Liebevoll angelegte Gehege geben Tieren in ruhiger Umgebung ein Zuhause. Nur tagsüber wird es laut, wenn vergnügte Kinder das Gackern der bunten Hühner in Schlaghosen nachahmen. Das auffällige Geflügel ist ein Hingucker und die hoppelnden Häschen versetzen Groß und Klein in den Streichelmodus. Ziegen stellen sich den Besuchern neugierig vor die Füße und verlangen Wegzoll in Form von Futter, das am Eingang zu haben ist. Hat man sich an den Gehörnten vorbeigekuschelt, warten schon schillernde Eisvögel, farbenfrohe Nymphensittiche und andere Exoten.

Weißkopfseeadler und Steppenadler – die Könige der Lüfte – haben auf dem Gelände in der royalen

Anmutig: Eule auf dem Falkenhof Ravensberg

Ausblick vom Kleinen Ravensberg Richtung Berlin

Landeshauptstadt ein würdiges Heim. Über 40 eindrucksvolle Greifvögel wohnen in der Anlage. Erfahrene Tierpfleger betreuen geduldig unter anderem Falke, Uhu und Bussard. Einmal am Tag zeigen sie ein Programm mit den majestätischen Vögeln – nur im Winter ist Pause.

Weiter geht es auf den Kleinen Ravensberg, der einen Kilometer entfernt liegt. Auf holprigen Waldwegen passiert man urige Wegweiser. Gelegentlich kommen Wandergruppen hoch und rasten auf der Holzbank. Über den Kleinen Ravensberg verläuft der Europäische Fernwanderweg E10, der auf 2880 Kilometern Länge Finnland und Spanien miteinander verbindet. Kräftige Kiefern und die Kronen der Laubbäume verdecken teilweise die Sicht auf die Kuppeln der Stadt Potsdam. Die Hauptstadt Berlin blinzelt vorsichtig zwischen den Ästen hervor. Wenige Meter vom höchsten Punkt des Ravensbergs entfernt schlummert die Ruine des Mirenhauses zwischen den Bäumen. Sie erinnert an einen Märchenturm und diente früher als Zielmarke für Vermessungen.

Auf den Pfaden durch den legendären märkischen Sand erreicht man nach etwa 20 Minuten den Großen Ravensberg. In 108 Metern Höhe hat der Verein Wald-Jagd-Naturerlebnis e.V. sein Hauptlager aufgeschlagen. Ein rustikales Holzschild und interessante Hinweistafeln laden zu Erkundungen ein. Nach Absprache werden von hier aus Schatzsuchen im Wald organisiert. Kinder können Laubhütten bauen und für große Entdecker gibt es spannende Events. Lust auf eine Nachtwanderung? Oder auf einen Tag als Falkner?

Abschließen kann man die Streifzüge durch die Wälder mit einem Spaziergang zum Teufelssee. Wilde Sagen von teuflischen Ritualen ranken sich um das mystische Gewässer. Bevor es zu gruselig wird, geht es weiter auf die Insel. Das nächste Ausflugsziel liegt etwa fünf Kilometer entfernt und man findet das, was Potsdam neben Schlössern und Gärten am besten kann: Wasser.

Falkenhof Ravensberg ➡ aB2
Wald-Jagd-Naturerlebnis e.V.
Ravensberggestell 2
✆ (03 31) 270 76 87
www.waldhaus-potsdam.de
Mo–Fr nach Absprache, Sa/So und in den Ferien
10–16.30 Uhr, Eintritt € 5,50/4
Greifvogelprogramm April–Okt. 14 Uhr
Eintritt € 7,50/5,50

Von Wald umgeben: der Teufelssee

REISEBLOG
Potsdam

Der Judengraben verbindet seit dem Ende des 18. Jahrhunderts die Havelbuchten Vorderkappe und Hinterkappe

Ab auf die Insel: Judengraben, Hermannswerder und die älteste Fähre der Stadt

Start:
Hermannswerder/Alter Tornow, Eingangstor ➡ ***H6***
Bus 694: Alter Tornow

Dauer:
1–2 Stunden

Strecke:
ca. 3 km

Die Halbinsel Hermannswerder ist einer dieser verwunschenen Orte. Die Wellen der Havel rollen sanft ans Ufer. Mächtige Pappeln rascheln im Wind und Backsteingebäude verbreiten eine angenehme Stille. Hermannswerder ist noch immer ein Geheimtipp. Trotz der Idylle schlendern auch bei Sonnenschein nur wenige Gäste über die Uferwege.

Zu Fuß oder mit dem Rad lässt sich Hermannswerder komplett umrunden. Der flotte Spaziergänger läuft den Rundweg von drei Kilometern in einer Stunde. Wenn da nicht die unzähligen märchenhaften Plätze wären, die zum Träumen einladen.

Man schreitet durch einen Torbogen aus dunkelrotem Backstein auf die Halbinsel. Die Straße führt einspurig über eine Brücke, darunter fließt der Judengraben. Im 18. Jahrhundert hatte der jüdische Berliner Finanzier Elias Daniel Itzig hier eine Lohgerberei – daher der Name des Grabens, der zum Flößen von Baumstämmen ausgehoben wurde. Seitdem trennt der knapp 500 Meter lange Judengraben Hermannswerder vom Festland.

Saunaboot des Inselhotels auf Hermannswerder

Zwei weitere Brücken führen über den schmalen Kanal. Noch heute liest man oft von der Halbinsel Hermannswerder – die eigentlich eine Insel ist.

Beim Passieren einer Streuobstwiese glitzert unweit der Templiner See, einer der schönen Havelseen in Potsdam. Im Uhrzeigersinn wandernd erreicht man die kühlen Gemäuer der Hoffbauer-Stiftung. Ein evangelisches Gymnasium, die Inselkirche und Pflegeschulen ruhen unter preußischen Laubbäumen. An der südlichen Spitze der Insel begrüßen ein schokoladenbrauner Esel und eine Ponystute die Besucher, so wird die Tour auch für Kinder zum Erlebnis.

An der langen Seite der Insel läuft man auf dem Uferweg am Wasser entlang. Wachsame Kormorane hocken auf Baumstämmen am Fluss. Enten stellen sich schnatternd in den Weg und weichen aus, wenn man ihnen zu nahe kommt. Von hier aus eröffnet sich ein großartiger Ausblick auf Potsdam West. Die Havel trennt die friedliche Insel vom anderen Ufer, dazwischen liegen rund 230 Meter.

Wer jetzt mehr von Potsdam sehen will, steigt in das Wassertaxi. Von Ostern bis Oktober legt es regelmäßig an und bringt den Kunstinteressierten zu den Museen und Schlössern der Stadt. Wassertaxi verpasst? Dann läuft man weiter – vorbei am markanten Wasserturm – zur Fähre. Das Potsdamer Urgestein bringt Insel-Besucher seit 1974 ans andere Ufer. Seit 1984 fährt die älteste Fähre Potsdams elektrisch und wechselt jährlich mehrere Tausend Male die Seite. Nur wenige Minuten dauert die Überfahrt zur Brandenburger Vorstadt, die einen großen Teil des Parks Sanssouci beherbergt.

Die elektrische Seilfähre ist in die Jahre gekommen, tannengrüne Heizkörper erzählen Geschichten aus DDR-Zeiten und gelegentlich fällt die altersschwache Lady aus. Möchte man nicht auf die andere Seite wechseln, wandert man geradewegs zurück zum Eingang und passiert erneut den Judengraben.

Wer nach dem romantischen Spaziergang Lust bekommen hat, Hermannswerder vom Wasser aus zu entdecken, greift sich ein SUP. Mit dem Stand Up Paddling Board lässt sich die Insel zwischen Havelbucht und Templiner See komplett umrunden. Boards werden gegenüber der Insel bei SUP TRIP ausgeliehen. Der Judengraben ermöglicht einen nahtlosen Paddelgenuss. Je nach Fitness taucht man für die sechs Kilometer Strecke ungefähr zwei Stunden lang das Paddel ins Wasser.

Hat man mit der Fähre das Westufer erreicht – und gegebenenfalls den SUP-Ausflug beendet –, bietet

Beschaulich: die Insel Hermannswerder

Heute ist der Judengraben bei Paddlern sehr beliebt

sich eine Stärkung im Restaurant & Café Westufer an. Herzhafte Speisen, hausgemachte Kuchen und kühle Getränke geben Energie für weitere Entdeckungen. Prächtig speisen kann man im Sommer auch auf der Terrasse – mit dem Wasserturm von Hermannswerder als Blickfang.

Genug Sport und Natur? Keine Sorge – beim nächsten Tipp findet der Kulturbegeisterte wieder Schlösser.

Fähre F1 ➡ G6
Tägl. 7-18.30 Uhr
Kurzstrecke Potsdam € 1,60/1,20
Fahrradmitnahme kostenlos

Restaurant & Café Westufer ➡ G4
Kastanienallee 22 B
✆ (0331) 23 62 38 00
www.west-ufer.de
Di-So, 11.30-21 Uhr

Hermannswerder eignet sich hervorragend für einsame Spaziergänge

Magische Momente:
Teufelsgrabenbrücke, düstere Teiche und Schloss Lindstedt

REISEBLOG
Potsdam

Start:
Amundsenstraße/Lindstedter Chaussee ➡ C3
Bus 605: Abzweig nach Eiche

Dauer:
ca. 1 Stunde

Noch mehr überraschende Orte in Potsdam? Kommen jetzt. Neben Schlössern und Seen hat die Landeshauptstadt für Entdecker immer noch ein weiteres Ass in der königlichen Rockfalte. Eines dieser gut getarnten Highlights ist die Teufelsgrabenbrücke am nordwestlichen Zipfel des Parks Sanssouci. Startet man ab der Fähre von Hermannswerder, liegt die älteste Brücke Potsdams etwa vier Kilometer entfernt.

Wenige Meter abseits der Amundsenstraße ruht das acht Meter hohe Bauwerk zwischen üppigen Laubbäumen. Geplant wurde das Viadukt aus dem Jahr 1843 von dem Architekten Ludwig Persius, der auch andere berühmte Potsdamer Bauten erdachte. Die fünf Bögen überspannen den Teufelsgraben und können zu Fuß überquert werden. Für den Bau nach römischem Vorbild wurden Kalksandsteine aus Rüdersdorf verwendet, die der Brücke ihre Ausstrahlung verleihen.

Der Teufelsgraben unter dem Viadukt entwässerte einst bei Hochwasser den Bornstedter See. Seit mehr als 100 Jahren fließt kein Wasser mehr im Graben. An trockenen Tagen kann man entspannt im Flussbett spazieren. Wenn die Sonne tief steht, bietet sich ein sensationeller Blick auf die Rundbögen. Gerade mal 300 Meter von der Brücke entfernt steht das Belvedere auf dem Klausberg. Von der Plattform aus bietet sich eine famose Sicht auf die Stadt.

Nun geht es zurück zur Amundsenstraße und auf der anderen Seite über einen unbefestigten Weg zu einer versteckten Sehenswürdigkeit: Nach etwa 300 Metern erreicht man das Schloss Lindstedt. Mit seinen Türmchen und Laubengängen besticht es wie viele historische Schlösser in Potsdam mit einem barockgelben Anstrich. Besonders bei strahlend blauem Himmel bildet es einen wundervollen Kontrast in der Landschaft und bietet ein brillantes Fotomotiv.

Das ehemalige Gutshaus Lindstedt hat eine bewegte Geschichte. Die Vorfahren Loriots übertrugen es an den König von Preußen und dessen Sohn Friedrich Wilhelm IV. wollte darin alt werden. Dazu kam es nicht,

Teufelsgrabenbrücke

Schloss Lindstedt wurde zwischen 1858 und 1861 errichtet

er starb vorher. Im Schloss wurde später eine Quarantänestation für Cholera untergebracht, danach wohnten hier Staatsdiener. Bis in die 1950er Jahre wurde das Schloss privat genutzt und in den 1980er Jahren zog das Gerichtsmedizinische Institut ein. Im Jahr 2002 war es Drehort für den Gruselklassiker »Resident Evil«.

Seit einigen Jahren geht es gediegener zu im Schloss Lindstedt, die italienisch anmutende Turmvilla ist eine Außenstelle des Standesamts Potsdam. Möchte man den Schlossgarten näher betrachten, kommt man am besten in den Sommermonaten. Von innen ist das Schloss nur bei privaten Festen, etwa im Rahmen einer Hochzeitsgesellschaft, zu erleben. Mit der imposanten Freitreppe auf der Rückseite und den schnörkeligen Säulen bietet es den perfekten Rahmen für eine Märchenhochzeit.

Säulengang im Schloss Lindstedt

Läuft man am Schloss Lindstedt vorbei und folgt linker Hand dem Feldweg, erreicht man nach wenigen Minuten die düsteren Teiche. Das verwilderte Gelände mit seinen natürlichen Gewächsen ist für ausufernde Spaziergänge bestens geeignet. Im Hochsommer trocknet das kostbare Biotop oft aus, einen Waldsee sucht der Wanderer dann vergeblich – auf magische Weise hat sich der Weiher in eine Wiese verwandelt.

Nach einem Ausflug in die Natur bietet Potsdam neben kulinarischen Leckereien weitere verborgene Plätze für Entdecker. Aber wer würde schon hinter verschlossene Türen schauen?

REISEBLOG
Potsdam

Interessante Einsichten: Spaziergang durch die Potsdamer Hinterhöfe

Versteckte Ecken bietet selbst die belebte Innenstadt. Besucher erleben hier einen anregenden urbanen Mix. Feine Läden und faszinierende Wohnkultur schmiegen sich an aufwendig restaurierte Fassaden.

Der ideale Startpunkt ist die Brandenburger Straße – Einheimische nennen die Flaniermeile liebevoll den Broadway. Von der quirligen Fußgängerzone aus führen zahlreiche Torgänge in heimelige Hinterhöfe.

Wer es genauer wissen möchte, spaziert mit einem Tourguide durch die verwinkelten Gassen. An die 40 Höfe kann man durchwandern und sich bei fesselnden Storys in alte Zeiten träumen. Einige Höfe verzweigen sich und führen als Durchgangshöfe in andere Hinterhof-Oasen. Etwa zwei Stunden dauert eine Tour und sie bietet ungewohnte Einblicke ins Stadtleben.

Luisenforum, Sperlingshof, Lindenhof – manche Hinterhöfe tragen reizende Namen, die anmutig über der Einfahrt prangen. Uriges Fachwerk und wuchtige Schornsteine flüstern dem Besucher spannende Anekdoten zu. Vögel zwitschern in historischen Dachrinnen, detailreiche Ornamente und blumige Malereien verzieren Tore und Hauseingänge. Gelegentlich öffnet der

Start:
Brandenburger Tor ➜ E7
Trams und Busse:
Luisenplatz

Dauer:
2–3 Stunden

Strecke:
ca. 3 km

Tipp:
Eine Stadttour mit Guide lohnt sich.

Hinterhof in der Potsdamer Innenstadt

Das Luisenforum besticht mit seiner Backsteinarchitektur und ausladendem Schornstein

Guide Türen, hinter die man selbst nicht zu schauen gewagt hätte. Und manchmal verbirgt sich hinter einer alten Holztür, wo früher die Toilettenkammer war, eine lange Reihe von Briefkästen.

Verspielte Springbrunnen und mit Stuck verzierte Balkone wechseln sich ab mit kühlen, verzinkten Feuertreppen an rostroten Backsteinmauern. Einige Geschäfte haben die Jahrhunderte überdauert und bieten seit der Kaiserzeit ihre Ware feil. Die Apotheke zum goldenen Hirsch etwa vertreibt schon seit dem Jahr 1735 Pillen und Salben und trägt noch heute den Zusatz »privilegierte Hof-Apotheke«.

Alte Fabrikgebäude im Klinkerstil und angesetzte Flügelbauten verpassen der Stadt von hinten einen einmaligen Charme. Heute verbergen sich in den Höfen oft inhabergeführte Läden, kleine Restaurants und bezaubernde Geschäfte. Man hört Geschichten über die Ohropax-Fabrik, die ab 1924 im Hinterhof produzierte. Und von der königlichen Bierbrauerei, die in der Barockzeit das herbe Gesöff für Friedrich den Großen braute.

Zum Abschluss der aufregenden Potsdam-Tour kann man feudal im Matador essen gehen. In den warmen Monaten stehen Tische vor dem Restaurant und man kann bei einem kalten Getränk die einzigartige Atmosphäre nahe dem Brandenburger Tor genießen.

Matador ➡ **E7**
Brandenburger Str. 2
✆ (0331) 201 98 63
www.matador-potsdam.de
Tägl. 12–23 Uhr

REISEBLOG
Potsdam

Potsdams beste Seiten: Eine lustige Seefahrt auf der Havel

So ein Ausflug nach Potsdam macht nicht nur hungrig. Er macht auch müde. Und was ist ein würdiger Schlafplatz für kleine und große Entdecker? In der Wasserstadt Potsdam kann man herrlich mit einem Floß über die Havel schippern. Für das Floß braucht man keinen Führerschein und es bietet Schlafplätze für bis zu fünf Personen.

Wie traumhaft wäre es, an prunkvollen Schlössern vorbei sorgenfrei in den Sonnenuntergang zu fahren?!

Diki Tours Floßvermietung ➡ F7
Wall am Kiez 1
Tram 91, 94, 98: Luisenplatz Süd
✆ (030) 58 85 87 59
www.diki-tours.de
April–Sept. tägl. 9–18, Okt.–März tägl. 10–16 Uhr

Mehr Insidertipps zu Potsdam und weiteren spannenden Reisezielen finden Sie bei www.maro-effekt.de

Wasser spüren: mit dem Floß auf der Havel

Museen, Galerien, Architektur und andere Sehenswürdigkeiten

Für viele Besucher lohnt sich die Anschaffung einer **Berlin WelcomeCard – Potsdam Edition**, die neben Ermäßigungen beim Besuch von ausgewählten Museen und Attraktionen auch freie Fahrt im öffentlichen Nahverkehr bietet (vgl. S. 206).

Wer mehrere Schlösser besuchen will, kann das **Ticket sanssouci+** für € 19/14 erwerben, das für alle Schlösser in Potsdam gilt (außer für das Belvedere auf dem Pfingstberg und für Schloss Sacrow). Das **Ticket sanssouci+ Familie** kostet € 49 und gilt für zwei Erwachsene mit bis zu vier Kindern. Beachten Sie, dass für das Schloss Sanssouci feste Besuchszeiten gelten. Für eine private Fotoerlaubnis bezahlt man € 3 pro Tag.

Zum **Tag des offenen Denkmals** im September öffnen viele Sehenswürdigkeiten ihre Pforten bei kostenlosem Eintritt.

Museen

Extavium ➡ E9
Vgl. S. 184.

Dauerausstellung »Traumfabrik – 100 Jahre Film in Babelsberg« im Filmmuseum

Filmmuseum ➡ F8
Marstall/Breite Str. 1 A
Trams und Busse: Alter Markt/Landtag
✆ (03 31) 271 81 12
www.filmmuseum-potsdam.de
Di–So 10–18 Uhr, Eintritt € 5/4
Im prachtvollen barocken Marstall ist eines der ältesten Filmmuseen Deutschlands untergekommen. Mit einem Fundus von 500 Originalkostümen und -requisiten bekannter Filme und einer Dauerausstellung führt es durch die mehr als 100-jährige Geschichte der Babelsberger Filmstudios. Interaktive Module laden Besucher zu aufregenden Erfahrungen ein: So kann man zusammen mit Zarah Leander singen, in einer Casting-Box selbst vorsprechen oder sich in Filmausschnitte einkopieren, die dann per E-Mail zugeschickt werden.

Gedenkstätte Lindenstraße: In dem als Stadtpalais entstandenen Gebäude war einst das Staatssicherheitsgefängnis der DDR untergebracht

Neben wechselnden Sonderausstellungen ergänzt ein ambitioniertes Filmprogramm die Sammlung.

3 Gedenkstätte Lindenstraße ➡ E7
Lindenstr. 54
Tram 91, 94, 98: Dortustraße
✆ (03 31) 289 61 36
www.gedenkstaette-lindenstrasse.de
Tägl. außer Mo 10–18 Uhr
Führungen (auch mit Zeitzeugen) auf Anfrage
Eintritt € 2/1, mit Führung € 3/2
In ein sehr bedrückendes Kapitel der Potsdamer Geschichte entführt die Gedenkstätte im früheren Staatssicherheitsgefängnis der DDR. Doch erinnert es nicht nur an die Stasi-Gefangenen. Als ehemaliges Untersuchungsgefängnis des sowjetischen Geheimdienstes sowie als NS-Erbgesundheitsgericht und Gefängnis für politische Gefangene der NS-Zeit führt es dem Besucher Kontinuität und Wandel politischer Gewalt vor Augen.

Das Gebäude ließ König Friedrich Wilhelm I. 1733–37 als barockes Stadtpalais mit Stallungen und Nutzgebäuden erbauen. 1809 trat hier die erste Potsdamer Stadtverordnetenversammlung zusammen. Ab 1820 diente der Komplex schließlich als Stadtgericht und Gefängnis. Heute führt eine multimediale Ausstellung durch die verschiedenen Epochen.

Gedenk- und Begegnungsstätte Leistikowstraße Potsdam ➡ B9
Leistikowstr. 1
Bus 603: Glumestr. oder Tram 92, 96: Puschkinallee
✆ (03 31) 201 15 40
www.gedenkstaette-leistikowstrasse.de
Tägl. außer Mo April–Okt. 14–18, Nov.–März 13–17 Uhr
Eintritt frei
1916 vom Evangelisch-Kirchlichen Hilfsverein errichtet und ab 1933 Heimstätte der Reichsfrauenhilfe, machte nach 1945 die sowjetische Spionageabwehr das Haus zu ihrem zentralen Untersuchungsgefängnis. Nun informiert hier die Stiftung Brandenburgische Gedenkstätten mit einer Dauerausstellung über die Geschichte des Haftorts und das Schicksal der Häftlinge.

Ein 2014 eröffneter Geschichtspfad macht die ehemalige sowjetische Geheimdienstzentrale »Militärstädtchen Nr. 7« erlebbar: An den 14 historischen Stätten wurden Informationstafeln angebracht.

Im Kutschstall präsentiert das Haus der Brandenburgisch-Preußischen Geschichte seine Sammlung

Übersichtlich: Modell des Holländischen Viertels im Jan Bouman Haus

Haus der Brandenburgisch-Preußischen Geschichte
➡ F8
Kutschstall/Am Neuen Markt 9
Trams und Busse: Alter Markt/Landtag
✆ (03 31) 620 85 50, www.hbpg.de
Tägl. außer Mo 11–18, Do bis 20 Uhr
Eintritt € 7/4, bis 18 J. frei
Das Museum im Kutschstall mit seiner frühklassizistischen Fassade versteht sich als lebendiges Forum für die Beschäftigung mit der Historie der Region. Neben einer Dauerausstellung, die die Geschichte von Brandenburg mit zahlreichen Originalobjekten, Fotos und Filmen aufrollt, widmen sich Sonderausstellungen speziellen Persönlichkeiten wie der Keramikerin Hedwig Bollhagen oder Themen wie Flucht und Migration.

Jan Bouman Haus ➡ D8
Mittelstr. 8
Tram 92, 96: Nauener Tor
✆ (03 31) 280 37 73
www.jan-bouman-haus.de
Mo–Fr 13–18, Sa/So/Fei 11–18 Uhr
Eintritt € 3/2, bis 12 J. frei
Das liebenswerte kleine Museum im 4 **Holländischen Viertel** veranschaulicht die Geschichte dieses Stadtteils. Im Zentrum steht dabei der niederländische Baumeister Jan Bouman, unter dessen Leitung die hübschen Giebelhäuser im 18. Jh. errichtet wurden. Wechselnde Sonderausstellungen zum Thema niederländische Architektur und Kunst ergänzen das Angebot.

Potsdam als Grenzstadt

Grenze Glienicker Brücke auf einer Briefmarke

Wer heute nach Überresten der Mauer oder anderer Grenzbefestigungen bei Potsdam sucht, wird kaum etwas finden, das an die Grenze zwischen Berlin und Potsdam erinnert. Vereinzelt stehen noch ein paar Mauerreste und hin und wieder wird anhand von Denkmälern, Gedenktafeln oder Erinnerungsstelen an die sinnlosen Opfer dieser Mauer erinnert.

Jene Menschen, die zur Zeit der deutschen Teilung in Potsdam lebten, wissen um die spezifischen Auswirkungen, die der Mauerbau auf das Leben in der Stadt angesichts ihrer besonderen geografischen Lage hatte. Potsdam, das von 1952 bis 1990 Verwaltungssitz des neugegründeten Bezirks Potsdam war, verlor seinen direkten Anschluss an die Weltstadt Berlin und war nur noch über ländliche Umwege erreichbar. Das großstädtische Leben schien von da an weit entfernt, der Zugang mit großem Aufwand verbunden. Fuhren bis 1961 noch Züge entlang der heutigen Strecke durch Grunewald und den Bahnhof Zoologischer Garten, allerdings ohne auf der Westseite Halt zu machen, so gab es danach bis zur Auflösung der DDR nur noch die sogenannten Sputnik-Züge, die ihrem Namen alle Ehre machten und Berlin im großen Bogen umrundeten. Zwischen Berlin Friedrichstraße und Falkensee bzw. Werder (Havel) verkehrten jeweils drei Zugpaare über den Nördlichen und vier Zugpaare über den Südlichen Außenring. Elektrisch betriebene Züge verbanden Potsdam überhaupt erst ab 1983 mit Ost-Berlin, eine einfache Fahrt dauerte auf diesem Weg rund eineinhalb Stunden, also ungefähr dreimal so lang wie heutzutage.

Direkt an der Grenze gab es auch ein paar Besonderheiten. Bemerkenswert ist beispielsweise die Lage der Berliner Exklave Steinstücken bei Babelsberg, die nach dem Mauerbau völlig isoliert in der DDR verblieb. Erst 1971 wurde durch einen Gebietsaustausch ein 20 Meter breiter Korridor nach West-Berlin geschaffen. Dass der Übergang an der **Glienicker Brücke** während des Kalten Kriegs auch zum Austausch von Spionen diente, ist vermutlich hinlänglich bekannt (vgl. S. 128).

Grenzöffnung an der Glienicker Brücke 1989

Auch zwischen dem S-Bahnhof Griebnitzsee und Klein Glienicke verlief zu DDR-Zeiten die Mauer. Nach der Wende wurde an gleicher Stelle ein Uferweg angelegt, der bei Einheimischen wie Touristen äußerst beliebt war. Doch zahlreiche Anwohner beharrten auf ihrem Kaufvertrag, der den Uferweg als Bestandteil des gekauften Grundstückes auswies – mit der Folge, dass sie Ihre Zäune vorverlegten und der Uferweg damit nur noch teilweise zugänglich ist.

Originalobjekte aus der Russischen Kolonie im Gartencafé des Museums Alexandrowka

8 Museum Alexandrowka ➡ C8
Russische Kolonie 2
Tram 92, 96: Puschkinallee oder Am Schragen
✆ (03 31) 817 02 03
https://alexandrowka.de
April–Okt. tägl. außer Mi 10–18 Uhr, März nur Sa/So
Eintritt € 3,50/3
Das kleine Museum gibt Einblick in das frühere Leben in der Russischen Kolonie. Dabei ist es selbst, sozusagen als begehbares Baudenkmal von 1826, das wichtigste Exponat. Neben den Innenräumen im Stil des Biedermeier gehören ein 2000 m^2 großer, von Lenné gestalteter Garten mit Obstbäumen sowie ein hübsches Gartencafé zum Museum.

1 Museum Barberini ➡ F8
Alter Markt
Humboldtstr. 5/6
Tram 91, 92, 93, 96, 98, 99: Alter Markt/Landtag
✆ (03 31) 236 01 44 99
www.museum-barberini.com
Tägl. außer Di 10–19 Uhr, 1. Do im Monat bis 21 Uhr
Eintritt € 16/10, Sa/So € 18/10, bis 18 J. frei
Der Mitbegründer des Softwareunternehmens SAP Hasso Plattner, der sich nicht nur für die Förderung von Wissenschaft und Forschung in Potsdam, sondern auch für den Wiederaufbau des Stadtschlosses engagiert hat,

Große Kunst in neuem Glanz

Museum Barberini

Potsdam, Brandenburg

Barberini? Das klingt nach Florenz, Rom oder Venedig – wie kommt dieser italienische Name nach Potsdam? Ganz einfach: Der im späten 18. Jahrhundert auf Befehl Friedrichs des Großen an dieser Stelle errichtete Bau

Blick auf das Museum Barberini von der Freundschaftsinsel aus.

war dem barocken Palazzo Barberini in Rom nachempfunden und wurde von den Potsdamern »Palais Barberini« genannt. Leider trug das Gebäude bei einem Luftangriff im April 1945 schwere Zerstörungen davon und seine letzten Reste wurden 1948 gesprengt. Was heute den prominenten Platz zwischen Stadtschloss und Altem Rathaus mitten im Herzen der brandenburgischen Hauptstadt einnimmt, ist eine Rekonstruktion. Das zwischen 2013 und 2016 aus privaten Mitteln des Unternehmers und Mäzens Hasso Plattner errichtete Museum Barberini greift die Fassaden des ursprünglichen Palastes originalgetreu auf, ist aber im Innern modern gestaltet.

Seit Januar 2017 ist dieses neue Potsdamer Museum der Öffentlichkeit nun zugänglich. Grundstock der Sammlung bilden Kunstwerke aus dem Besitz Hasso Plattners, ein Schwerpunkt liegt hierbei auf Impressionismus und Postimpressionismus. Berühmte Namen wie Pierre-Auguste Renoir und Claude Monet sind da an erster Stelle zu nennen. Pro Jahr finden zudem zwei bis vier Wechselausstellungen statt, deren inhaltlicher Bezug zu den Beständen des Hauses unterschiedlich nah ist. Bei der erfolgreichen Eröffnungsschau etwa ging es um Maler der Moderne von Liebermann bis Kandinsky. 2021 stehen Ausstellungen zum Impressionismus in Russland, zu Rembrandt und zum Thema »Surrealismus und Magie. Verzauberte Moderne« auf dem Programm. Das Museum Barberini – eine gelungene Mischung aus Alt und Neu in Potsdams wiederentdeckter Historischer Mitte!

Info: Potsdam liegt ca. 30 km südwestlich von Berlin. **Info Museum Barberini:** Alter Markt/Humboldtstr. 5/6, 14467 Potsdam, Tel. (03 31) 236 01 44 99, www.museum-barberini.com, Öffnungszeiten tägl. außer Di 10–19, 1. Do im Monat bis 21 Uhr, Eintritt € 16, Sa/So € 18, ermäßigt € 10, unter 18 J. frei.

leistete mit dem Museum Barberini einen wichtigen Beitrag zum Kulturstandort Potsdam. Dafür wurde das barocke Palais Barberini, im Zweiten Weltkrieg schwer beschädigt und später gesprengt, rekonstruiert.

Als einer der wichtigsten Publikumsmagneten der Stadt wird das Museum von der Hasso Plattner Stiftung betrieben und präsentiert in einer Dauerausstellung einen Großteil der Sammlung Hasso Plattner mit Schwerpunkt auf Impressionismus und Postimpressionismus. Die mehr als 100 Exponate umfassen Werke von Pierre-Auguste Renoir, Berthe Morisot, Gustave Caillebotte, Paul Signac sowie Claude Monet, von dem allein 34 Gemälde zu sehen sind. Parallel zu der Dauerausstellung beleuchten Wechselausstellungen andere Kunstepochen wie den Surrealismus oder spezielle Aspekte wie den russischen Impressionismus. Hinzu kommt ein ambitioniertes Vermittlungsprogramm mit Führungen, Live-Talks und Filmvorführungen.

Erbaut wurde das originale Palais Barberini im Auftrag Friedrichs des Großen nach Entwürfen Carl von

Foyer im Museum Barberini

Barberini für Kids

Das Museum Barberini bietet ein vielfältiges Programm für Kinder an. Spielerisch sollen sie an die Welt der Kunst herangeführt werden; die jeweils ausgestellten Bilder und Skulpturen sollen sie auf ihre eigene, ganz persönliche Weise entdecken. Auch Schulen und Kindergärten sind – bei freiem Eintritt – willkommen. Für diese Gruppen öffnet das Museum werktags (außer Di) bereits um 9 Uhr und bietet ihnen lebendig gestaltete Führungen an. Im Übrigen dürfen Kinderwagen nicht nur in die Ausstellungsräume mitgenommen werden, sie werden sogar im Haus verliehen.

Kinder erklären Kunst

Barberini Kids-Guides im Alter von 10 bis 16 Jahren stellen ihre Lieblingsbilder aus der Sammlung vor. Sie verraten, wieso Claude Monet so gern Getreideschober malte, warum er und seine Künstlerfreunde bei Wind und Wetter draußen arbeiteten und die Farbe Schwarz nicht mochten, dass sie erst für ihre Malweise ausgelacht, dann aber dafür verehrt wurden – und noch viel mehr! Termine auf Anfrage.

Barberini für Bambini am Wochenende. Kunst für Kinder im Auditorium

Auf der großen Mediawand im Auditorium schauen sich Kinder zusammen mit Guides die Bilder der Impressionisten an, erfahren, wie die Künstler Licht, Wasser, Wind, Wolken und Blumen künstlerisch umgesetzt haben. Für Kinder von 5 bis 12 Jahren, Termine auf Anfrage.

Junge Eltern zur Kunst. Mit dem Baby ins Museum

Kunsterlebnisse mit den ganz Kleinen machen Einführungsvorträge im Auditorium möglich. Eltern finden sich mit ihren Babys (0–1 J.) zu Kunstgesprächen mit einem Guide in entspannter Atmosphäre zusammen. Kinderwagen dürfen mit ins Auditorium hineingenommen werden. Termine auf Anfrage.

Besucher der Eröffnungsausstellung »Impressionismus. Die Kunst der Landschaft«

Als Vorbild für das Palais Barberini am Alten Markt diente der gleichnamige Palazzo in Rom

Gontards 1771/72 als klassizistisch-barockes Bürgerhaus. Vorbild war der Palazzo Barberini in Rom, der in den Jahren 1627–38 im Stil des Barock erbaut wurde und an dessen Gestaltung u. a. Gian Lorenzo Bernini und Francesco Borromini beteiligt waren. Mitte des 19. Jh. wurde das Potsdamer Palais Barberini um zwei rückseitige, zur Havel gerichtete Seitenflügel erweitert und seitdem nicht mehr nur als repräsentativer Wohnraum, sondern auch zu kulturellen Zwecken genutzt. So fanden hier etwa Konzerte, Lesungen und später Kinoaufführungen statt, außerdem waren im Palais die städtische Volksbücherei, eine Jugendherberge und das Standesamt untergebracht.

Die Wahl des rekonstruierten Palais am Alten Markt als Museumsstandort folgte der Entscheidung der Stadt, sich bei der Neugestaltung des Platzes in hervorragender Lage im Zentrum Potsdams an das historische Stadtbild anzunähern. Vorausgegangen war eine lange, teils hitzig geführte Debatte, was aus Potsdams »Neuer Mitte« werden soll (vgl. S. 205). Auch die Suche nach einem geeigneten Museumsstandort für die Plattner-Sammlung beschäftigte die Stadt, war immer

Barberini App

Eine gute Ergänzung zum Museumsbesuch ist die Barberini App. Sie bietet Audiotouren für Erwachsene und Kinder, Künstlerbiographien, Serviceinformationen, Veranstaltungstipps, e-Tickets sowie Videos mit Experteninterviews. Außerdem wird Wissenswertes rund um den Stifter des Museum Barberini und die Geschichte des Palais Barberini vermittelt. Kostenlos erhältlich im App Store und bei Google Play.

wieder Gegenstand öffentlicher Diskussion. Nun fügte sich alles: Der Spatenstich für das vollständig von der Hasso Plattner Stiftung finanzierte Projekt erfolgte im Jahr 2013. Nach knapp vier Jahren Bauzeit konnte das nach Plänen des Berliner **Architektenbüros Hilmer & Sattler und Albrecht** errichtete Museum Barberini vom Stifter Hasso Plattner gemeinsam mit Bundeskanzlerin

Hinter der klassizistisch-barocken Fassade verbergen sich modern gestaltete Innenräume

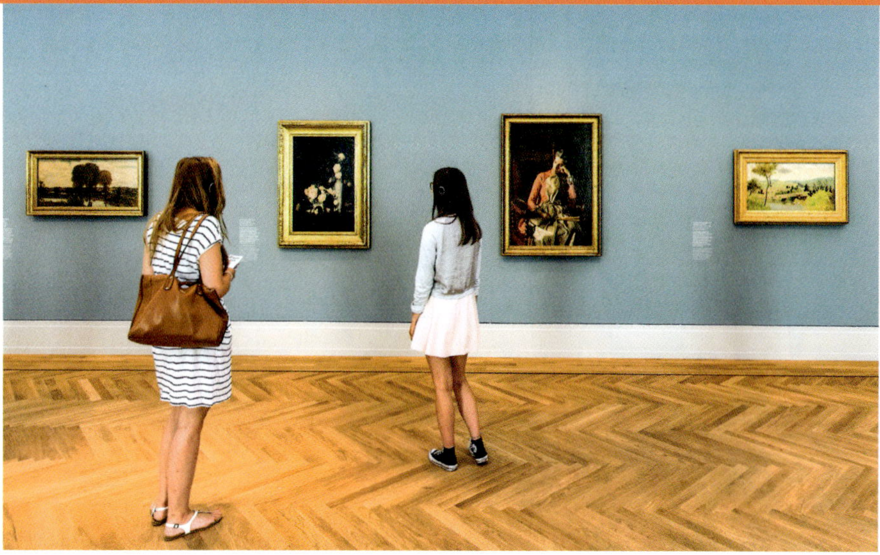

In der Ausstellung »Von Hopper bis Rothko. Amerikas Weg in die Moderne« im Museum Barberini

Angela Merkel am 20. Januar 2017 feierlich eröffnet werden.

Selbstverständlich gehören zum Museum auch ein Café-Restaurant sowie ein umfangreicher Shop.

museum FLUXUS+ ➡ E10
Schiffbauergasse 4 F
Trams 93, 94, 99: Schiffbauergasse
✆ (03 31) 601 08 90
www.fluxus-plus.de
Mi–So 13–18 Uhr, Eintritt € 7,50/3, bis 13 J. frei
Schwerpunkt des Museums, das Installationen, Fotos, Filme, Videos und andere Objekte zum Thema Fluxuskunst zeigt, geht auf die umfangreiche Privatsammlung des Fluxuskünstlers Wolf Vostell zurück. Zugleich werden andere Künstler des 20. und 21. Jh. in Wechselausstellungen präsentiert. Außerdem geben die Räumlichkeiten den ungewöhnlichen Rahmen für Konzerte und andere Veranstaltungen ab.

Museumshaus Im Güldenen Arm ➡ E7
Hermann-Elflein-Str. 3
Tram 92, 96: Puschkinallee
✆ (0176) 10 00 65 04
www.imgueldenenarm.de
Mi–So 12–18 Uhr
Eintritt frei

Eingang des museum FLUXUS+ in der Schiffbauergasse

Im ältesten Haus der Stadt, einem schön restaurierten Barockbau, präsentiert das unprätentiöse, kleine Museum eine Dauerausstellung mit Gebrauchskeramik sowie ambitionierte Ausstellungen zeitgenössischer Kunst.

Naturkundemuseum ➡ F7
Breite Str. 13
Bus 606: Naturkundemuseum
✆ (03 31) 289 67 07
www.naturkundemuseum-potsdam.de
Tägl. außer Mo 9–17 Uhr
Eintritt € 4/2 (6–18 J.), Familienkarte € 10
Im sehenswerten ehemaligen Ständehaus der Zauche aus dem 18. Jh. lädt das Museum mit rund 25 000 Exponaten in die Ausstellung »Tierwelt Brandenburgs – Artenvielfalt einst und heute«, in das Aquarium »Fische Brandenburgs« sowie zu unterschiedlichen Sonderausstellungen ein. Dabei wird auch die bedrohte Flora und Fauna thematisiert.

Nowaweser Weberstube ➡ F12
Karl-Liebknecht-Str. 23
Tram 94, 99: Rathaus Babelberg
✆ (03 31) 70 70 59
Di, Do 13–16 Uhr und auf Anfrage
Eintritt frei, Spenden erbeten

Das liebenswerte Weberhaus erzählt in zwei Räumen von der ehemaligen Weberkolonie Nowawes (Nowa ves = Neues Dorf) im Stadtteil Babelsberg, in der einst Weber und Spinner ein bescheidenes Leben fristeten. Straßennamen wie Garn- oder Tuchmacherstraße erinnern an die Zeit, als auf Wunsch Friedrichs II. ab 1750 protestantische böhmische Weber und Spinner sich hier ansiedeln durften.

Mittelpunkt der Kolonie ist der **Weberplatz** – auf dem samstags ein **Regionalmarkt** stattfindet – mit der **Friedrichskirche** und den angrenzenden kleinen **Weberhäusern**, die unter Denkmalschutz stehen.

Potsdam Museum ➡ F8
Am Alten Markt 9
Trams und Busse: Alter Markt/Landtag
✆ (03 31) 289 68 68
www.potsdam-museum.de
Tägl. außer Mo 12–18 Uhr
Eintritt € 5/3, Kinder frei
Das Alte Rathaus, ein Werk von Jan Bouman und Carl Ludwig Hildebrant aus dem 18. Jh. mit schönem Treppengiebel und korinthischen Kolossalsäulen, ist seit einiger Zeit zusammen mit dem benachbarten Kno-

Das Alte Rathaus beheimatet das Potsdam Museum

belsdorffhaus Heimstätte des Potsdam Museums. Mit alten Stichen, Grafiken, Gemälden, Fotos, Möbeln, Porzellan und anderen Objekten lädt es im Rahmen seiner Dauerausstellung »Potsdam – eine Stadt macht Geschichte« zur Entdeckungsreise durch die Wohn- und Alltagskultur der letzten tausend Jahre ein. Zudem locken interessante, barrierefreie Sonderausstellungen und das sympathische, kleine Café Central.

Villa Schöningen ➡ B12
Berliner Str. 86, Tram 93: Glienicker Brücke
✆ (03 31) 200 17 41
www.villa-schoeningen.de
Fr–So 12–18 Uhr, nur zu Ausstellungszeiten
Eintritt € 5/3, Kinder frei
Ganz in der Nähe der Glienicker Brücke führt die 1843 von Ludwig Persius erbaute Turmvilla Besucher in die Geschichte des Hauses und der benachbarten schicksalsträchtigen Brücke ein. Außerdem finden hier ambitionierte Ausstellungen internationaler Künstler und Veranstaltungen zur Zeitgeschichte statt. Im Sommergarten sind Skulpturen zu sehen.

Die Villa Schöningen informiert über die Geschichte des Hauses und der Glienicker Brücke

Galerien

Albert Baake Galerie ➡ F8
Humboldstr. 3
Tram 92, 93, 98, 99: Alter Markt/Landtag
✆ (03 31) 870 94 94, www.albert-baake.de
So–Fr 14–17, Sa 11–16 Uhr
Genau zwischen dem Museum Barberini und dem Stadtschloss gelegen, und zwar im ebenfalls rekonstruierten Palazzo Pompei, stellt Albert Baake gern auch mal die Werke prominenter Multitalente wie Ron Wood, Udo Lindenberg, Otto Waalkes oder Frank Zander aus.

In der Potsdamer Innenstadt befinden sich eine Reihe von namhaften Galerien und Ateliers

Brandenburgischer Kunstverein ➡ F9
Freundschaftsinsel, Tram 93, 94, 99: Burgstr./Klinikum
✆ (03 31) 279 75 39 80, www.bkv-potsdam.de
(meistens) Mi–So 13–17 Uhr
Zeitgenössische Kunst, auch viel Experimentelles wird in dem Pavillon auf der Freundschaftsinsel präsentiert. Gern blickt man hier auch über den deutschen Tellerrand nach Osteuropa.

Galerie Kunst-Kontor ➡ nördl. A9
Bertinistr. 1 A, Bus 609, 638, 639: Am Pfingstberg
✆ (03 31) 581 73 66, www.kunst-kontor-sehmsdorf.de
Do/Fr 15–19, Sa 13–18 Uhr
Das Forum für zeitlose Kunst stellt regionale Künstler und Vertreter der Leipziger Schule vor. Wichtiger Aspekt ist außerdem die Porträtkunst.

Galerie Peter Kurgan ➡ D8
Mittelstr. 34, Tram 92, 96: Nauener Tor
✆ (03 31) 270 80 91, www.galerie-am-see.de
Tägl. 11–19 Uhr
Hier sind vor allem die Arbeiten des Potsdamer Malers und Fotografen Peter Kurgan zu sehen, der sich besonders von Lanzarote inspirieren ließ.

Galerie Ruhnke ➡ E7
Charlottenstr. 122, Tram 91, 94, 98: Dortustraße
✆ (03 31) 505 80 86, www.galerie-ruhnke.de
Mi–So 14–18 Uhr
Nicht nur Malerei, Skulpturen, Keramik und Fotokunst zeigt Galerist Werner Ruhnke im denkmalgeschützten

Haus in der Potsdamer Innenstadt. Mitunter erklingen hier auch »unerhörte« und andere Musik.

Kunsthaus Potsdam ➨ D7
Ulanenweg 9, Busse: Jägertor
✆ (03 31) 200 80 86, www.kunsthaus-potsdam.de
Während der Ausstellungen Di–So 12–17 Uhr, Eintritt frei
2002 mit einer Ausstellung des niederländischen Künstlers Armando eröffnet geht das Kunsthaus auf eine Initiative von Hubertus von der Goltz und Frank M. Zeidler zurück, die das ehemalige Pferdelazarett der Garde-Ulanen-Kaserne in ein Atelierhaus mit Kunstwerkstatt verwandelten. Seitdem gibt der Kunstverein Einblick in aktuelle Kreativprozesse.

Sans Titre Kunsthaus ➨ E9
Französische Str. 18, Tram 91, 92: Platz der Einheit
✆ (0157) 72 95 81 04, www.sans-titre.de
Mi–So 14–18 Uhr
Der Verein sans titre hat es sich zum Ziel gesetzt, ambitionierte, genreübergreifende Ausstellungen nationaler und internationaler Künstler mit Lesungen, Konzerten und Workshops zu verbinden. Außerdem fördert er das Artist-in-Residence-Programm.

Sperl Galerie ➨ E8
Schopenhauerstr. 27, Trams und Busse: Luisenplatz
✆ (03 31) 280 06 08, www.sperlgalerie.de
Mi–Fr 12–18, Sa/So 14–18 Uhr
Eine der ältesten Privatgalerien Potsdams, die nach der Wende entstanden ist. Nahe Luisenplatz und Brandenburger Tor stellt das Galeristenpaar Maler und Bildhauer der Moderne und Postmoderne des 20. Jh. aus.

Kunsthaus Potsdam: wechselnde Ausstellungen in einem ehemaligen Pferdelazarett

Die letzte bauliche Unternehmung des Alten Fritz: das Belvedere auf dem Klausberg

Schloss und Park Sanssouci

Das Gesamtkunstwerk 5 **Schloss und Park Sanssouci** ist einer der Höhepunkte eines Potsdam-Besuchs. Da der Park eine Ausdehnung von mehr als zwei Kilometern hat, sollte man für einen Rundgang genug Zeit einplanen.

Belvedere auf dem Klausberg ➡ C3
Park Sanssouci, An der Orangerie 1, Bus 695: Schloss Sanssouci bzw. Orangerie
April–Okt. tägl. 10–18, März und Nov. Sa/So 10–16 Uhr
Eintritt € 6/3
Das tempelartige Gebäude mit schönem Panoramablick war die letzte Baumaßnahme Friedrichs des Großen, als er um 1786 einen Verschönerungsplan für die Umgebung von Sanssouci umsetzte. So entstand ein zweigeschossiger Rundbau, der von einer Kuppel gekrönt wird. Innen beeindruckt es mit seinem Stuckmarmor, dem Eichenparkett und einem Deckengemälde.

Bildergalerie ➡ D6
Park Sanssouci
Bus 612, 614: Schloss Sanssouci
✆ (03 31) 969 42 00, www.spsg.de
Mai–Okt. tägl. außer Mo 10–17.30 Uhr, Eintritt € 6/5

»Quand je serai là, je serai sans souci«

Schloss und Park Sanssouci

Potsdam, Brandenburg

Vor den Toren der florierenden Hauptstadt Berlin ließ der aufklärerische preußische Herrscher König Friedrich II. – »Friedrich der Große« – einen Königspalast erbauen, der als schönstes Beispiel europäischer Rokokoarchitektur bezeichnet wird. Inmitten einer wunderschönen Seenlandschaft fühlte er sich ohne Sorge – *sans souci* – und konnte seinen kulturellen Interessen nachgehen. Sanssouci sollte, gemäß den makellosen Entwürfen des Königs, mit der Extravaganz von Versailles konkurrieren können. Das lange, einstöckige Gebäude, gekrönt von einer Kuppel und flankiert von zwei runden Pavillons, ist von gestuften Terrassen und sorgfältig angelegten Gärten umgeben. Zum Schloss gehören zwei Nebengebäude – die Bildergalerie, in der sich rund 140 von Friedrich erworbene barocke Gemälde befinden, und die als Gästeschloss erbauten Neuen Kammern.

Im Verlauf der Regierungszeit Friedrichs des Großen gewann auch der Park allmählich Gestalt. Schloss, Terrassen und Gartenparterre bilden den Mittelpunkt der 290 Hektar großen Anlage. Die natürliche Umgebung ausnutzend wurde der Park nach Osten und Westen erweitert. Dabei entwickelte sich eine etwa zwei Kilometer lange Allee, an der sich Bauten, Zier- und Nutzgärten sowie waldartige Bereiche aneinanderreihen. An der Westseite des Schlossparks liegt etwa das Neue Palais, eines der letzten großen Bauwerke preußischen Barocks. Auch die im Stil italienischer Renaissancevillen errichtete Orangerie ist einen Besuch wert.

Schloss Sanssouci, die Sommerresidenz Friedrichs II. von Preußen: »Quand je serai là, je serai sans souci« (Wenn ich da sein werde, werde ich ohne Sorge sein).

Südwestlich von Sanssouci liegt das kleine klassizistische Schloss Charlottenhof. Das schlichte Bauwerk bietet in seinem Inneren einen Einblick in das Schaffen des berühmten Architekten Karl Friedrich Schinkel, der das Interieur komplett selbst gestaltete.

Das Belvedere auf dem Klausberg war das letzte von Friedrich dem Großen im Park Sanssouci geplante Bauwerk. Belvedere steht für »schöne Aussicht«, und in der Tat ist der Blick auf die hügelige, seenreiche Landschaft, die Stadt und natürlich Sanssouci atemberaubend.

Bemerkenswert ist, dass sich der König auf der obersten Weinbergterrasse in einer Gruft beisetzen lassen wollte. Auch im Tode wollte er Sanssouci nahe sein. Sein Wunsch ist, wenn auch erst im Jahr 1991, in Erfüllung gegangen.

Info: An die nördliche Innenstadt angrenzend. **Info Park Sanssouci:** Maulbeerallee, 14469 Potsdam, Tel. (03 31) 96 94-200, www.spsg.de, Öffnungszeiten Park tägl. 8 Uhr bis Einbruch der Dunkelheit, Öffnungszeiten Schlösser vgl. Website, Eintritt € 19, ermäßigt € 14 (Tagesticket Sanssouci+: Besuch aller Potsdamer SPSG-Schlösser inkl., feste Einlasszeit für Schloss Sanssouci), Park Eintritt frei.

Die Bildergalerie ist nicht nur der älteste Museumsbau Deutschlands, sondern auch einer der prachtvollsten Europas. 1755–64 wurde der Bau nach Plänen von Johann Gottfried Büring errichtet, um die Gemäldesammlung Friedrichs des Großen zu beherbergen. Während der Außenbau schlicht gehalten ist, überrascht der Innenraum mit einer prachtvollen Ausschmückung. Vergoldete Ornamente und ein Fußboden aus gelbem und weißem Mamor belegen den Stellenwert der Sammlung für den preußischen König.

Neben antiken und barocken Skulpturen sorgen Werke aus Hochrenaissance, Manierismus und Barock, vor allem italienischer, niederländischer und französischer Meister für weitere Blickpunkte. Zu den Höhepunkten der 180 Exponate gehören Caravaggios »Ungläubiger Thomas« und von Dycks »Pfingstwunder«.

Ein Höhepunkt der Bildergalerie Friedrichs des Großen: Caravaggios »Der ungläubige Thomas« (um 1601)

Chinesisches Haus ➡ E5
Park Sanssouci
Bus 612, 614: Schloss Sanssouci
✆ (03 31) 969 42 00, www.spsg.de
Mai–Okt. tägl. außer Mo 10–18 Uhr, Eintritt € 4/3
Der exotische Pavillon ist Produkt der im 18. Jh. in Europa aufkommenden China-Mode. Das kleeblattförmige Gebäude, das Friedrich der Große 1754–64 von Johann Gottfried Büring errichten ließ und in dem die höfische Gesellschaft zu Teezeremonien zusammentraf, ist überaus verspielt und strotzt nur so vor Gold. Ihn schmücken Figuren, die Musikanten und Teetrinker darstellen. Im Inneren ist auf vergoldeten Konsolen erlesenes Porzellan zu bewundern.

Drachenhaus ➡ D3
Vgl. S. 146.

Friedenskirche ➡ E6
Vgl. S. 126 f.

Historische Holländermühle ➡ D5
Maulbeerallee 5
Bus 695: Drachenhaus
✆ (03 31) 550 68 51, www.spsg.de
April–Okt. tägl. 10–18, Nov. und Jan.–März Sa/So 10–16 Uhr, Eintritt € 4/2

1791 in holländischem Stil erbaut diente das Gebäude bis 1858 als Getreidemühle und wurde anschließend zum Denkmal erklärt. Nachdem die Mühle 1945 ausgebrannt war und in den 1980er Jahren notdürftig instand gesetzt wurde, sorgte ein Wiederaufbau dafür, dass sich die Flügel der Mühle heute wieder drehen. Außerdem lockt sie mit einer Ausstellung zur Mühlengeschichte und schönem Blick auf die Parklandschaft.

Neues Palais ➡ D/E3
Park Sanssouci, Am Neuen Palais
Bus 605, 606, 695: Neues Palais
✆ (03 31) 969 42 00
www.spsg.de
Tägl. außer Di April–Okt. 10–17.30, Nov.–März 10–16.30 Uhr, Eintritt Highlighttour € 6/5
Der letzte Schlossbau Friedrichs des Großen sollte vor allem Repräsentationszwecken dienen. Entsprechend pompös ist er ausgefallen – ein Rokoko-Bau von 220 m Länge mit über 300 Zimmern. Schon von Weitem ist die Tambourkuppel zu sehen, die von 400 Skulpturen auf dem Dach umgeben ist. Sie wird wiederum von drei Grazien gekrönt, die die Krone Preußens tragen.

Im Inneren beeindrucken prunkvolle Festsäle und Apartments genannte Wohn- und Gästezimmer. Das **Schlosstheater** ist eine der wenigen aus dieser Zeit erhaltenen Bühnen, die Schauplatz von Konzerten und Opernaufführungen ist.

Den prachtvollen Grottensaal im Neuen Palais zieren mehr als 24 000 Muscheln, Mineralien und Halbedelsteine

Ausdruck der Italiensehnsucht Friedrich Wilhelms IV.: das Orangerieschloss im Park Sanssouci

Orangerieschloss ➡ D4/5
An der Orangerie 3–5
Bus 612, 614, 695: Schloss Sanssouci bzw. Orangerie
✆ (03 31) 969 42 00
www.spsg.de
April Sa/So/Fei 10–17.30, Mai–Okt. Di–So 10–17.30 Uhr, Besichtigung außer Sa/So/Fei nur mit Führung
Eintritt € 6/5, Aussichtsturm € 3/2
Mit der Ausführung des 300 m langen Baus waren 1859–64 gleich mehrere Baumeister betraut: Ludwig Persius, Friedrich August Stüler und Ferdinand Hesse. So entstand ein mediterran anmutendes Ensemble mit Arkaden, Brunnen und Terrassen, in dessen Zentrum das Schlossgebäude mit Säulengalerie und einem Belvedere-Aufbau samt Türmen steht. Im vorderen Teil überwintern noch heute die kälteempfindlichen Kübelpflanzen aus dem Park, rechts und links schließen sich Seitenpavillons mit festlichen Wohn- und Repräsentationsräumen an. Im Mittelbau besticht vor allem der prächtige Raffaelsaal, in dem rund 50 goldgerahmte Kopien des italienischen Meisters auf roter Seidenbespannung hängen – darunter seine berühmte »Sixtinische Madonna«.

Die Römischen Bäder beim Schloss Charlottenhof sind in wunderschöne Gärten eingebettet

Römische Bäder ➡ E4
Park Sanssouci
Tram 91, 94: Schloss Charlottenhof

Potsdamer Schlössernacht: kostümierte Besucher im Schlosspark Sanssouci

Die Schlösserlandschaft bei Nacht

Im August stellt die **Potsdamer Schlössernacht** den Jahreshöhepunkt im Park Sanssouci dar. Während die Gebäude festlich illuminiert werden, sorgen Konzerte, Tanzvorführungen und Theaterspiele für anspruchsvolle Unterhaltung. Stilvolle Kulinarik rundet das rauschende Gartenfest ab. Allerdings sollte man sich rechtzeitig um eine der 33 000 Eintrittskarten bemühen. Information beim Potsdam Tourismus Service: ✆ (03 31) 27 55 88 99, www.potsdamtourismus.de sowie www.potsdamer-schloesser-nacht.de.

Nicht weniger festlich präsentieren sich die Schlösser bei den **Nächtlichen Schlösserimpressionen**, die die Schifffahrt in Potsdam an ausgewählten Tagen veranstaltet. Vom Dampfer aus und mit einem Glas Sekt in der Hand lässt man die beleuchteten historischen Schlösser an sich vorüberziehen, wobei vor der Heilandskirche von Sacrow auch eine Blechbläserkapelle spielt und am Ufer des Jungfernsees Elfen tanzen. Krönender Abschluss ist der Feuerregen vor der Glienicker Brücke. Information und Reservierung unter ✆ (03 31) 275 92 10, www.schifffahrt-in-potsdam.de.

✆ (03 31) 969 42 00, www.spsg.de
Mai–Okt. tägl. außer Mo 10–17.30 Uhr
Eintritt € 8/6
Mit den Römischen Bädern haben Ludwig Persius, August Stüler und Ferdinand Hesse wieder ein Stück Renaissance nach Sanssouci geholt, als sie 1847–63 diese Aussichtsschlossanlage in der Nähe von Schloss Charlottenhof erschufen. Der asymmetrische, aus mehreren Gebäuden bestehende Komplex mit Bereichen zum Sinnieren orientiert sich an italienischen Landhäusern des 15. Jh.

Schloss Charlottenhof ➡ F4
Geschwister-Scholl-Str. 34
Trams 91, 94: Schloss Charlottenhof
✆ (03 31) 969 42 00
www.spsg.de
Mai–Okt. tägl. außer Mo 10–17.30 Uhr
Eintritt (inkl. Römische Bäder) € 8/6

Morgenstimmung im Rosengarten von Schloss Charlottenhof

Üppige Karyatiden von Georg Wenzeslaus von Knobelsdorff am vorspringenden Mittelbau von Schloss Sanssouci

Ein Meisterwerk Karl Friedrich Schinkels ist das klassizistische Schlösschen im Mittelpunkt der gleichnamigen Parkanlage, die dem Park Sanssouci um 1826 hinzugefügt wurde. Neben dem Vestibül liegen Speisezimmer und Schreibkabinett mit Originalmöbeln von Schinkel, besonderer Blickfang ist das Zeltzimmer mit blau-weißer Stoffbespannung.

Schloss Neue Kammern ➡ D5
Park Sanssouci
Bus 612, 614, 695: Schloss Sanssouci
✆ (03 31) 969 42 00, www.spsg.de
April–Okt. tägl. außer Mo 10–17.30 Uhr
Eintritt € 6/5
1745–47 nach Entwürfen von Georg Wenzeslaus von Knobelsdorff erbaut handelt es sich um ein einzigartiges Rokoko-Schloss, das Sanssouci fast ebenbürtig ist. Ursprünglich war es als Orangerie geplant. Doch da Räumlichkeiten für Gäste und Feste fehlten, widmete es Friedrich II. mithilfe von Karl von Gontard und Georg Christin Unger 1771 zum Wohngebäude um. Besonderer Höhepunkt ist der zentrale Jaspis-Saal, der mit edlen Steinen ausgekleidet und einem Deckengemälde mit Venusdarstellung ausgestattet ist.

Schloss Sanssouci ➡ D5/6
Park Sanssouci, Maulbeerallee
Bus 612, 614, 695: Schloss Sanssouci
✆ (03 31) 969 41 90, www.spsg.de
Tägl. außer Mo April–Okt. 9–17.30, Nov.–März 10–16.30 Uhr, Besichtigung nur mit fester Einlasszeit
Eintritt € 14/10, Schlossküche € 4/3, Ticket sanssouci+ (alle Schlösser der SPSG in Potsdam) € 19/14
In nur zwei Jahren (1745–47) errichtete Georg Wenzeslaus von Knobelsdorff das Gebäude im Stil des friderizianischen Rokoko mit zwölf Räumen, in denen Friedrich der Große zumindest zeitweise »sans souci« – ohne Sorge – war, Querflöte spielte, komponierte und mit Voltaire über den Sinn des Lebens debattierte. Im Schlaf- und Arbeitszimmer des Alten Fritz hängen Porträts der Königsfamilie. Schönstes Rokoko dekoriert wiederum das Musikzimmer mit Gemälden von Antoine Pesne. Die philosophischen Tafelrunden fanden im Marmorsaal statt.

Neuer Garten

Der 6 **Neue Garten** wurde am Ende des 18. Jh. auf Betreiben des Kronprinzen und späteren Königs Friedrich Wilhelm (III.) in Form eines Englischen Gartens eingerichtet und sollte einen Gegenpol zum barocken Park Sanssouci darstellen. Zwischen Havel, Jungfern- und Heiligem See erstreckt sich der weitläufige Park auf über 100 ha.

Anfahrt mit den Trams 92 und 96 bis Rathaus oder mit Bus 603 bis Birkenstr./Alleestr. oder Schloss Cecilienhof.

Gotische Bibliothek ➡ D9
Mangerstr. 42
Der achteckige Bau wurde 1792–94 im Stil einer gotischen Kapelle erbaut. Einen Blick ins Innere kann man nur durch die Fenster werfen. Die Bücher wurden in das Stadtschloss verlagert, wo sie während des Bombenangriffs im April 1945 verbrannten.

Marmorpalais ➡ B9
Im Neuen Garten 10
✆ (03 31) 969 42 00, www.spsg.de

Das Ägyptische Portal der Orangerie im Neuen Garten – hier kann man im Sommer gemütlich im Pandoras Café sitzen

Die Meierei im Neuen Garten am Ufer des Jungfernsees beherbergt heute ein Brauhaus

April Sa/So/Fei 10–17.30, Mai–Okt. tägl. außer Mo 10–17.30, Nov.–März Sa/So/Fei 10–16 Uhr, Besichtigung nur mit Führung, Eintritt € 6/5

Mit diesem Schloss, das sich Friedrich Wilhelm II. von Carl von Gontard und Carl Gotthard Langhans erbauen ließ, wollte er sich vom Rokoko-Stil seines Onkels Friedrich des Großen abheben. So entstand 1787–91 dieses Kleinod im Neuen Garten, das den Auftakt des Klassizismus in Preußen markiert, mit Grotten-, Konzertsaal und den Wohnräumen des Königs. Mit den klassizistischen Innenräumen kontrastiert das Obergeschoss, wo Langhans das orientalische Kabinett eingefügt hat.

Meierei ➡ A9

Vgl. S. 153

Muschelgrotte ➡ B9

Die Crystall- und Muschelgrotte am nördlichen Ende des Neuen Gartens wurde zwischen 1791 und 1794 als versteckter Rückzugsort für den preußischen König Friedrich Wilhelm II. errichtet. Eine Innenbesichtigung der Grotte ist nur nach vorheriger Anmeldung möglich: info@muschelgrotte.de.

Orangerie ➡ B/C9

Am Neuen Garten 7

Zwei schwarz gefärbte Statuen ägyptischer Götter des Bildhauers Johann Gottfried Schadow säumen das Portal, über dem eine Sphinx Wache hält. Im Sommer lockt hier das lauschige **Pandoras Café**.

Pyramide ➡ B9
Die sogenannte Pyramide, 1791/92 als Eiskeller erbaut, diente von Anfang an zum Frischhalten von Lebensmitteln. Dafür wurde im Winter Eis aus dem Heiligen See in der untersten Etage des fünf Meter tiefen Kellers gelagert.

Schloss Cecilienhof ➡ A9
Am Neuen Garten 11
✆ (03 31) 969 42 00
www.spsg.de
Tägl. außer Mo April–Okt. 10–17.30, Nov.–März 10–16.30 Uhr
Eintritt € 10/7, bei Sonderausstellungen mehr
Den letzten Schlossbau der Hohenzollern im englischen Tudorstil, der mit seinen Fachwerkelementen eher wie ein größerer Landsitz als ein prunkvolles Schloss wirkt, ließ Kaiser Wilhelm II. 1913–17 von Paul Schultze-Naumburg für seinen ältesten Sohn, den Kronprinzen Wilhelm, und dessen Gemahlin Cecilie errichten. Indem der Architekt die einzelnen Baukörper geschickt um mehrere Innenhöfe gruppierte, wirkt das Gebäude deutlich kleiner, als es mit seinen 176 Zimmern eigentlich ist.

Heute informiert hier eine Dauerausstellung über das legendäre Zusammentreffen von Josef Stalin, Harry S. Truman und Winston Churchill, die an diesem Ort vom 17. Juli bis 2. August 1945 über die Nachkriegsordnung Deutschlands entschieden. Für die Potsdamer Konferenz wurden die Haupträume des Schlosses neu möbliert.

Im Westflügel des Schlosses soll 2027 der Hotelbetrieb nach Sanierungsmaßnahmen wieder aufgenommen werden.

Konferenzraum im Schloss Cecilienhof

Ein Idyll schreibt Weltgeschichte

Schloss Cecilienhof und Neuer Garten

Potsdam, Brandenburg

Sie sollte Kaiserin werden, doch die Zeiten waren gegen sie: Cecilie zu Mecklenburg-Schwerin war die Schwiegertochter des letzten deutschen Kaisers und ihr Mann konnte die Nachfolge seines Vaters nicht mehr antreten. Doch an die Kronprinzessin erinnert bis heute ein Bauwerk im Norden von Potsdam, das als idyllisches Refugium geplant war, jedoch für einen kurzen Moment mitten ins Zentrum der Weltgeschichte geriet: Schloss Cecilienhof.

Das zwischen 1914 und 1917 für das Kronprinzenpaar errichtete Ensemble ist im englischen Landhausstil gehalten – spitze Giebel, viele Schornsteine und Erker sowie kunstvolles Fachwerk bestimmen das Bild.

Im Sommer 1945 fand hier im Schloss die Potsdamer Konferenz statt, auf der die Staats- und Regierungschefs der Siegermächte – Churchill, Truman und Stalin – über die Zukunft Europas berieten.

Die neu konzipierte Dauerausstellung zeigt die original eingerichteten Konferenzräume und liefert viele Hintergrundinformationen zum historischen Kontext. Im Obergeschoss sind die Privaträume der Kronprinzenfamilie zu besichtigen, darunter Cecilies Kabinett im Stil einer Schiffskabine. Einen Großteil des Gebäudes wird ab 2027 wieder ein Hotel einnehmen.

Innenhofpanorama: Schloss Cecilienhof im Neuen Garten.

Umgeben ist das Schloss von einem über hundert Hektar großen wunderschönen Park, dem Neuen Garten. Ab 1787 ließ Preußens König Friedrich Wilhelm II. ihn im Stil eines englischen Landschaftsgartens anlegen. Außer am Schloss führen die verschlungenen Wege am Ufer des Heiligen Sees und an zahlreichen weiteren historischen Bauten vorbei, etwa an der Gotischen Bibliothek, der Pyramide, der Orangerie und der Muschelgrotte. Unübersehbar ist das Marmorpalais, in dem Cecilies späterer Mann seine Kindheit verbrachte.

Für Erholung sorgen das Brauhaus in der Meierei – mit eigener Schiffsanlegestelle – und im Sommer die Badestellen im Norden des Heiligen Sees, an dem abschnittsweise auch FKK Tradition hat.

Info: Der Neue Garten liegt im Norden Potsdams an Jungfernsee und Heiligem See. **Info Schloss Cecilienhof:** Am Neuen Garten, 14469 Potsdam, Tel. (03 31) 969 42 00, www.spsg.de, Öffnungszeiten Schloss Di–So April–Okt. 10–17.30, Nov.–März 10–16.30 Uhr (Privaträume des Kronprinzenpaars nur mit Führung), Eintritt € 10, ermäßigt € 7. **Info Neuer Garten:** www.spsg.de, tägl. 8 Uhr bis Einbruch der Dunkelheit, Eintritt frei.

Architektur und andere Sehenswürdigkeiten

⑧ Alexandrowka ➡ B/C8

Nördlich der Innenstadt erheben sich auf einer weitläufigen Grünfläche 13 kleine Holzhäuser im russischen Stil. Sie wurden 1826 auf Wunsch des preußischen Königs Friedrich Wilhelm III. erbaut, als Heim für die russischen Sänger, die in der preußischen Armee dienten, und zum Gedenken an den verstorbenen Zar Alexander I. In Haus Nr. 2 informiert das **Museum Alexandrowka** (vgl. S. 95) über die Kolonie, zu der auch die Alexander-Newski-Kapelle auf dem Kapellenberg gehört.

Alter Markt ➡ F8

Der Alte Markt bezeichnet das Areal rund um die **Nikolaikirche** (vgl. S. 133 f.). Die historische Mitte galt nach Aussagen von Zeitzeugen im 19. Jh. als einer der schönsten Plätze Europas. Nach der Bombennacht am 14. April 1945 wurde er weitgehend zerstört und die Ruinen 1959/60 abgerissen. Ein Großteil der Gebäude ist mittlerweile wiederaufgebaut worden (vgl. S. 205), wie das **Museum Barberini** (vgl. S. 95 ff.) und das **Stadtschloss** (vgl. S. 137).

»Unterwegs im Licht« auf dem Alten Markt

Das Weberviertel in Babelsberg

Babelsberg ➡ C11–H16
Der Stadtteil Babelsberg erlangte durch das **Studio Babelsberg** (vgl. S. 49 f.), das älteste Großatelier-Filmstudio der Welt und größte Filmstudio Europas, weltweiten Ruhm. Der angrenzende **Filmpark** (vgl. S. 185) lockt Jahr für Jahr Zehntausende Besucher an. Ganz in der Nähe liegt auch die Villenkolonie **Neubabelsberg** (vgl. S. 50 ff.), in deren Villen einige Filmstars lebten und die den Teilnehmern der Potsdamer Konferenz, Truman, Churchill und Stalin, als Wohnort diente. Das Zentrum Babelsbergs ist durch zahlreiche Weberhäuser gekennzeichnet, über deren Geschichte die **Weberstube** (vgl. S. 102 f.) informiert. Im Norden Babelsbergs erstreckt sich der **Park Babelsberg** (vgl. S. 46 ff.) mit dem **Schloss Babelsberg** (vgl. S. 135).

7 **Belvedere auf dem Pfingstberg** ➡ A8
Nähe Neuer Garten/Pfingstberg
Bus 638, 639: Am Pfingstberg
✆ (03 31) 20 05 79 30, www.pfingstberg.de
Belvedere April–Okt. tägl. 10–18, Nov.–März Sa/So 10–16 Uhr, Pomonatempel Ostern–Okt. Sa/So/Fei 14–17 Uhr
Eintritt € 6/3 (6–16 J.)
Das Aussichtsschloss auf dem Pfingstberg gehört zu den schönsten Prachtbauten Potsdams, der zugleich das beste Panorama auf die Stadt bietet. Von italienischen Vorbil-

dern inspiriert schufen Ludwig Persius, August Stüler und Ferdinand Hesse bis 1863 eine opulente Doppelturmanlage mit Freitreppe, Kolonnaden und einem Innenhof mit Wasserbecken. Es wird häufig für Konzerte und andere Veranstaltungen genutzt. Nicht übersehen sollte man den benachbarten, hübschen **Pomonatempel** (um 1800) des damals erst 19-jährigen Karl Friedrich Schinkel. Der nach griechischem Vorbild entworfene Teepavillon war sein erstes ausgeführtes Bauwerk.

Pomonatempel auf dem Pfingstberg

Bornstedter Friedhof und Kirche ➡ C4
Ribbeckstraße
Bus 614: Ribbeckstr.
✆ (03 31) 52 05 68, www.evkirchepotsdam.de
Kirche Sa/So, oft auch wochentags 14–17 Uhr
Auf diesem Friedhof haben viele historische Größen ihre letzte Ruhestätte gefunden – von Baumeister Ludwig Persius über Landschaftsgestalter Peter Joseph Lenné bis zum »Langen Kerl« Heinrich Wilhelm Wagenführer, der Grenadier des Leibgardebataillons des Soldatenkönigs war, aber auch Widerstandskämpfer des 20. Juli 1944 Kurt von Plettenberg.

Die 1855 erbaute Kirche entstand zusammen mit dem Krongut Bornstedt nach Entwürfen von Fried-

Wunderschön illuminiert: das Belvedere auf dem Pfingstberg

rich Wilhelm IV. und August Stüler. Im frei stehenden Campanile läuten zwei mittelalterliche Glocken, innen beeindrucken Eisengussreliefs und barocke Grabgedenksteine.

Botanischer Garten ➡ D4
Maulbeerallee 2
Bus 695: Orangerie
✆ (03 31) 977 19 36,www.uni-potsdam.de
Gewächshäuser und Biologischer Garten (südl. der Maulbeerallee) April–Sept. tägl. 9.30–17, Okt.–März tägl. 9.30–16 Uhr
Paradiesgarten (nördl. der Maulbeerallee) ganzjährig tägl. 8 Uhr bis Sonnenuntergang
Eintritt Schaugewächshäuser € 2/1
Bildungs- und Forschungsstätte der Universität Potsdam am Nordrand des Parks Sanssouci. Etwa 100 000 Arten geben einen Einblick in die Vielfalt der Pflanzenwelt.

Brandenburger Tor ➡ E7
Luisenplatz
Trams und Busse: Luisenplatz
Noch vor Berlin erhielt Potsdam sein Brandenburger Tor. Es befindet sich am Luisenplatz am westlichen

Der Botanische Garten schließt sich dem Park Sanssouci an

Reizvoll in seiner Fremdartigkeit: das Dampfmaschinenhaus an der Neustädter Havelbucht

Ende der Brandenburger Straße. Carl von Gontard hat es im Stil eines römischen Triumphbogens erbaut, 1770 wurde es von seinem Schüler Georg Christian Unger vollendet, wobei später auch noch die seitlichen Durchgänge hinzugefügt wurden.

Dampfmaschinenhaus ➡ F6
Breite Str. 28
Bus 606: Naturkundemuseum bzw. Feuerbachstr.
✆ (03 31) 969 42 00
www.spsg.de
Bis auf Weiteres geschl., nur im Rahmen von Sonderveranstaltungen geöffnet
Ein weiteres exotisches Kleinod ist das Dampfmaschinenhaus an der Neustädter Havelbucht in Form einer Moschee samt Minarett, das Friedrich Wilhelm IV. 1841–43 von Ludwig Persius erbauen ließ. Mithilfe der 81,4 PS starken Dampfmaschine stieg der Wasserstrahl der großen Fontäne vor Schloss Sanssouci auf ganze 38 m – eine technische Glanzleistung des jungen Unternehmers August Borsig.

Eine ganz besondere Architektur-Ikone: der Einsteinturm auf dem Telegrafenberg

Einsteinturm ➡ südl. H9

Telegrafenberg, Bus 691: Telegrafenberg
✆ (03 31) 29 17 41, www.urania-potsdam.de
Führungen Sept.–April 1. Sa im Monat 10 Uhr
Eintritt € 8/6
Eine besondere Architektur-Ikone ist das Sonnenobservatorium, das 1919–24 in Zusammenarbeit mit dem Physiker Albert Einstein und dem Astronomen Erwin Finlay Freundlich entstand. Strahlend weiß, mit runden, geschwungenen Formen und anderen Elementen des Expressionismus wie auch des Jugendstils ist der Turm eines der bedeutendsten Werke des jungen Erich Mendelsohn und besaß bis zum Zweiten Weltkrieg das bedeutendste Sonnenteleskop Europas. Mithilfe eines Spiegelsystems sollte Licht von Himmelskörpern eingefangen und in ein senkrechtes Fernrohr geleitet werden, wo es, durch einen weiteren Spiegel in ein unterirdisches Labor geleitet, mittels eines Spektrums zerlegt wird. Damit sollte der Nachweis der durch Einsteins Relativitätstheorie vorhergesagten Rotverschiebung von Spektrallinien im Schwerefeld der Sonne bewiesen werden, was allerdings nicht gelang. Stattdessen hat sich das Großgerät bei der Untersuchung des Magnetfelds der Sonne bewährt.

Im Turm sind allerlei optische Geräte zu sehen. Einen Hauch von Wohnlichkeit vermittelt der kleine Saal, in dem das Kuratorium unter Einsteins Vorsitz tagte.

9 Filmpark Babelsberg ➡ H15

Vgl. S. 185.

Nach dem Vorbild des römischen Pantheons errichtet: die Französische Kirche

Französische Kirche ➡ E9

Französische-/Ecke Charlottenstr.
Trams und Busse: Bassinplatz
✆ (03 31) 29 12 19
www.reformiert-potsdam.de
Ostern–Okt. tägl. außer Mo 13.30–17 Uhr, Gottesdienste am 1., 2. und 3. So im Monat um 10.30 Uhr
Von Georg Wenzeslaus von Knobelsdorff um 1753 erbaut war die Kirche ein Geschenk Friedrichs des Großen an die Hugenotten in der Stadt. Besonderheit des schlichten ovalen Kuppelbaus ist der tos-

Im Garten auf der Freundschaftsinsel

kanische Portikus, den ein Giebel mit goldener Gloriole schmückt. Das hölzerne Innere hat Karl Friedrich Schinkel gestaltet. Glanzstück ist die historische Orgel von Johann Wilhelm Grüneberg von 1783 mit ihrer hervorragenden Akustik.

Freundschaftsinsel ➡ F8/9

Zugänge: Lange Brücke oder Inselbrücke/Burgstraße
Tram: Lange Brücke oder 93, 94, 99: Burgstr./Klinikum
Ganzjährig von 7 Uhr bis zur Dunkelheit, Eintritt frei

In nächster Nähe zum Hauptbahnhof fasziniert ein gartenkünstlerisches, 6 ha großes Eiland des Staudenzüchters und Gartenarchitekten Karl Foerster. Auf dessen Anregung hin wurde hier Ende der 1930er Jahre der erste Schau- und Sichtungsgarten für winterharte Blütenstauden, Farne und Gräser Deutschlands angelegt.

Nach Zerstörungen im Zweiten Weltkrieg wurde er in den 1950er Jahren wieder hergestellt und 1996 schließlich vollständig rekonstruiert. Eine Sammlung von mehr als 20 Bronzeskulpturen verteilt sich zwischen Rosenbeeten sowie 1200 Arten von Gräsern und Stauden.

Im Sommer finden Kunstausstellungen sowie Open-Air-Kino-Aufführungen statt. Das Café mit Biergarten ist ein idealer Ort für eine Rast. Kinder erfreuen sich am großen Spielplatz.

Die Friedenskirche im Marlygarten am Grünen Gitter vom Schlosspark Sanssouci

Friedenskirche ➡ E6
Am Grünen Gitter, Trams und Busse: Luisenplatz
✆ (03 31) 97 40 09, www.friedenskirche-potsdam.de
April Mo–Sa 11–17, So 12–17, Mai–Okt. Mo–Sa 10–18, So 12–18, Nov.–März Sa 11–16, So 11.30–16 Uhr, Gottesdienste So 10.30 Uhr
Ein besonderes Kleinod ist die Friedenskirche, die sich in stiller Abgeschiedenheit am Eingang von Park Sanssouci inmitten des Marlygartens versteckt. An dem Bau, der um 1845 einem italienischen Kloster nachgestaltet wurde, wirkten Ludwig Persius, Ferdinand von Arnim, Ludwig Ferdinand Hesse und August Stüler mit. Von außen beeindruckt die dreischiffige Basilika mit ihrem filigranen Glockenturm, der sich in einem kleinen Teich spiegelt, das Innere wurde aus kostbarstem Marmor und Lavagestein sowie mit einer hölzernen Kassettendecke gestaltet. Hier fanden auch der Auftraggeber der Kirche, Friedrich Wilhelm IV., und seine Frau Elisabeth die letzte Ruhe.

Garnisonkirche/Ausstellungs- und Versöhnungskapelle ➡ F7
Breite Straße
Trams und Busse: Alter Markt/Landtag
✆ (03 31) 201 18 30, www.garnisonkirche-potsdam.de
Tägl. außer Mo 11–17 Uhr
Von Philipp Gerlach 1730–35 erbaut sind von der 1945 ausgebrannten und 1968 gesprengten Garnisonkirche nur die Fundamente übriggeblieben. Seit der Wende setzt sich ein Förderverein für deren Wiederaufbau ein, der Turm hat schon bald die Höhe von 57 Metern erreicht. Für das weitere Gebäude soll bis 2023 das benachbarte Rechenzentrum weichen, das sich inzwischen zu einem lebendigen Kreativstandort entwickelt hat. Doch nicht nur deshalb ist der Wiederaufbau der Garnisonkirche umstritten. In ihr kamen am »Tag von Potsdam«, dem 21. März 1933, Reichskanzler Adolf Hitler und Reichspräsident Paul von Hindenburg an den Gräbern der Preußenkönige zusammen, was zu Hitlers Popularität beitrug. Während der Sakralbau für viele ein Symbol des Militarismus ist, war sie allerdings 1817 auch Ort der Vereinigung von Reformierten und Lutheranern. Sollte der Neubau fertiggestellt werden, werden eine Ausstellung und weitere Bildungsangebote die zwiespältige Geschichte der Kirche veranschaulichen. Bereits jetzt informiert die Ausstellung »Fragmente und Perspektiven« in der Breiten Straße 7 über das Wiederaufbauprojekt (vgl. S. 205).

Am Ort der ehemaligen Garnisonkirche erklingt heute ein Glockenspiel

⑩ Glienicker Brücke ➡ B12
Tram 93: Glienicker Brücke
Genau an der Stadtgrenze Potsdams zu Berlin liegt die geschichtsträchtige Brücke über die Havel, die während des Kalten Kriegs weltweite Aufmerksamkeit durch den Austausch von Agenten erhielt. Der letzte, spektakuläre Agentenaustausch fand am 11. Februar 1986 statt.

Charakteristisch an der 1907 eingeweihten Stahlträgerkonstruktion ist, dass zu DDR-Zeiten die Berliner Hälfte in einer anderen Farbnuance gestrichen wurde als die Potsdamer und damit zur DDR gehörende Hälfte. Noch heute markiert die unterschiedliche Farbgebung zusammen mit dem im Boden verankerten Schriftzug »Deutsche Teilung bis 1989« die Mitte des Bauwerks.

Heilandskirche Sacrow ➡ aA3
Fährstraße, Sacrow
Bus 639: Heinrich-Heine-Weg, dann Bus 697: Schloss Sacrow, auch mit dem Wassertaxi erreichbar

Ort mit Geschichte: die Glienicker Brücke

Agententhriller im Kalten Krieg

Glienicker Brücke

Potsdam, Brandenburg

Ein Tag, der Weltgeschichte schrieb: 11. Juni 1985. Weiträumig ist das Gebiet auf der Ostseite der Glienicker Brücke von der Staatssicherheit abgeschirmt. Seit Stunden wartet ein streng bewachter Bus mit einer hochbrisanten Fracht: 25 in der DDR aufgeflogene CIA-Agenten, in Ostberlin zu langjährigen Haftstrafen verurteilt. Sie alle hoffen, dass sich ihr Schicksal an diesem Tag wenden wird. Auf der Westseite patrouillieren Dutzende höchst unauffällige Männer mit Sonnenbrillen und Revolver unterm Jackett. Dann fährt eine Wagenkolonne mit US-amerikanischen Kennzeichen langsam auf die Brücke, die über die Havel hinweg Ost und West, Berlin und Potsdam verbindet. Die Ware im Bus, die bald die Seite wechseln soll, wird inspiziert.

Szenen wie aus einem James-Bond-Thriller. An diesem Junitag vollzieht sich der größte Agentenaustausch während des Kalten Kriegs. 25 West- gegen vier Ostagenten. Ein Bus voller Spione. Noch auf der Fahrt vom DDR-Gefängnis zur Glienicker Brücke gibt es erschütternde Szenen. Ehepartner sehen sich das erste Mal seit Jahren wieder, Brüder bezichtigen sich gegenseitig des Verrats, ein Mann erfährt nach sechs Jahren Haft, dass seine Frau mit einem anderen lebt.

Der Agentenaustausch sorgte für Schlagzeilen: »High Noon auf der Glienicker Brücke«, »Agententhriller«, »Das Superding«. Die Brücke, die zum Schauplatz der spektakulärsten Agenten-Deals des Kalten Kriegs wurde, war häufig Thema in Büchern und Filmen, etwa in »Bridge of Spies« (2015) von Steven Spielberg. Zwischen 1962 und 1985 wurden hier insgesamt 38 Personen ausgetauscht.

Die historische Stahlkonstruktion von 1907 im äußersten Südwesten von Berlin – nicht die erste Brücke an dieser Stelle, es gab drei Vorgängerbauten – liegt mitten im preußischen Arkadien, einer fantastischen Landschaft, die von der UNESCO 1990 zum Welterbe erklärt wurde. »Der Blick von der Brücke wetteifert mit den schönsten Punkten der Welt«, soll Alexander von Humboldt gesagt haben. An sonnigen Tagen hat man eine Rundumsicht auf Jungfernsee, Schlosspark Klein-Glienicke, Glienicker See, Park und Schloss Babelsberg und den Tiefen See.

Schauplatz der spektakulärsten Agenten-Deals des Kalten Kriegs: die Glienicker Brücke.

Info: Die Glienicker Brücke liegt im Stadtteil Berliner Vorstadt, in der Nähe von Schloss Glienicke. **Info Glienicker Brücke:** www.glienicker-bruecke.de. **Info Villa Schöningen:** Berliner Str. 86, 14467 Potsdam, Tel. (03 31) 200 17 41 www.villa-schoeningen.de, Öffnungszeiten Fr–So 12–18 Uhr bei Ausstellungen, Eintritt € 5, ermäßigt € 3, Dauerausstellung zur Geschichte der Villa und der Glienicker Brücke und temporäre Ausstellungen zeitgenössischer Kunst.

Die italienisch geprägte Sacrower Heilandskirche lag zu DDR-Zeiten im Niemandsland

✆ (03 31) 505 21 44
www.heilandskirche-sacrow.de
Mai–Aug. Di–Do 11–16, Fr–So 11–17, März/April und Sept./Okt. Di–Do 11–15.30, Fr–So 11–16, Nov.–Feb. Sa/So 11–15.30 Uhr
Am schönsten sieht sie vom Wasser aus, wo sie sich mit ihren Arkaden in der Havel spiegelt. Gleichzeitig versetzt einen der Campanile mit horizontalen Bändern aus blauglasierten Fliesen und blassrosa Backstein ein Stück weit nach Italien. Kein Wunder, denn für die dreischiffige Basilika, die Ludwig Persius um 1843 für Friedrich Wilhelm IV. erbaute, haben Sakralbauten aus südlichen Gefilden Modell gestanden.

Da sie zu DDR-Zeiten im Niemandsland stand, wurde das Innere von Grenzsoldaten zerstört, der Bau verfiel mehr und mehr, bis er Mitte der 1980er Jahre mithilfe von Spendengeldern notdürftig instand gesetzt wurde. Inzwischen ist der rechteckige Saalbau saniert, auch das monumentale Apsis-Gemälde mit der Darstellung von Christus und den vier Evangelisten von Adolf Eybel nach einem Entwurf von Carl Begas erstrahlt wieder in altem Glanz. Neben Gottesdiensten finden hier auch zahlreiche Konzerte statt.

Hermannswerder ➡ H4–G7
Fährstraße, Hermannswerder
Bus 694: Hoffbauer-Stiftung
Der Name Hermannswerder geht auf Hermann Hoffbauer zurück, den einstigen Teppichfabrikanten und Initiator der 1901 gegründeten Hoffbauer-Stiftung, die auf der Halbinsel ihren Hauptsitz hat und eine Schule betreibt. Außerdem befinden sich hier noch ein sehenswerter Wasserturm, einige Villen und das Inselhotel Hermanswerder.

Jägertor ➡ D7
Hegelallee 11, Busse: Jägertor
Das 1733 entstandene Tor an der Hegelallee, das zusammen mit Nauener und Brandenburger Tor einst die Außengrenze der Stadt markierte, erhielt seinen Namen wegen des nahe gelegenen Fasanengartens, wo der Große Kurfürst auch einen königlichen Jägerhof anlegen ließ. Später ritt Friedrich Wilhelm I. durch das Tor in sein Jagdrevier. Dazu passen die Skulpturen dreier Jagdhunde, die auf dem Tor einen Hirsch reißen.

Jüdischer Friedhof ➡ A8
Puschkinallee 18
Tram 92, 96: Puschkinallee oder Am Schragen
Zwischen dem Belvedere auf dem Pfingstberg und der russisch-orthodoxen Kirche der Kolonie Alexandrowka hat der Jüdische Friedhof die letzten Jahrhunderte überdauert. Nachdem Friedrich der Große 1743 den jüdischen Bürgern ein Stück Land überließ, fanden hier Mitglieder der jüdischen Gemeinde die letzte Ruhe. Viele Gräber stammen noch aus dem 18. Jh. Nach einer langen Pause während der Nazi- und der DDR-Zeit finden hier seit 1992 wieder Beisetzungen statt.

Das Jägertor ist das älteste noch erhaltene Stadttor Potsdams

Kaiserliche Matrosenstation Kongsnaes ➡ B12
Schwanenallee 7, Tram 93: Glienicker Brücke
www.matrosenstation.de
Die ehemalige Anlegestelle wurde von 1891 bis 1895 für Kaiser Wilhelm II. erbaut und diente ihm für Ausflüge zur Pfaueninsel. 1945 zerstört wurde das Ensemble nun wiederaufgebaut bzw. saniert. In dem im norwegischen Drachenstil gestalteten Hauptgebäude, der Ventahalle, ist ein Restaurant untergebracht.

Karl-Foerster-Gedenkstätte ➡ A3
Am Raubfang 7
Bus 695: Pirschheide Bahnhof
✆ (03 31) 270 16 49
Tägl. April–Sept. 9–21, Okt.–März 9–17 Uhr
Eintritt frei, Spenden erwünscht
Ein wunderbares Kleinod ist der Schaugarten des Staudenzüchters und Gartenphilosophen Karl Foerster (1874–1970) im Stadtteil Bornim. 1912 begann er im Garten seines Hauses mit der Anlage einer Schau- und Versuchsfläche für Stauden. Daraus entwickelte sich ein wahres Gartenkunstwerk mit Blumen, Gräsern und Gehölzen, seit 1981 als Karl-Foerster-Gedenkstätte unter Denkmalschutz. Auch das Wohnhaus ist sehenswert.

Klein Glienicke ➡ B14–C15
Louis-Nathan-Allee
Bus 616: Schloss Babelsberg
Die idyllische Siedlung Klein Glienicke liegt an der Verbindung von Griebnitzsee und Havel. Unglücklicherweise führte die deutsche Teilung dazu, dass die der DDR zugehörige Ortschaft beinahe rundum von West-Berlin und ab 1961 von einer Mauer umgeben war. Heute ist Klein Glienicke wieder ein beliebter Ausflugsort.

Schweizerhaus in Klein Glienicke

Krongut Bornstedt ➡ C5
Ribbeckstr. 6/7
Bus 650, 614: Ribbeckstr., Bus 695: Sanssouci
✆ (03 31) 55 06 50
www.krongut-bornstedt.de
Bäckerei tägl. ab 8, Restaurant Brauhaus tägl. ab 12 Uhr
Eintritt frei
In nächster Nähe zum Park Sanssouci liegt das ehemalige Mustergut der Hohenzollern, das auch Sommersitz des Kronprinzenpaars Friedrich Wilhelm und seiner Gemahlin Victoria war. Nachdem es Friedrich Wilhelm in italienischem Stil neu errichten ließ, lockt es heute als Teil des UNESCO-Welterbes mit einem Zinnfigurenmuseum, einem Brauhaus, zwei Restaurants und Exerzierübungen der »Langen Kerls«. Zudem ist es beliebte Kulisse von Märkten, Hoffesten, einem romantischen Weihnachtsdorf, Konzerten und anderen Veranstaltungen.

Das Krongut Bornstedt liegt nur 15 Gehminuten von Schloss Sanssouci entfernt

Nauener Tor ➡ D8
Friedrich-Ebert-Straße
Trams 92, 96: Nauener Tor
www.markt-am-nauener-tor.de
Wo Friedrich-Ebert-Straße und Hegelallee aufeinandertreffen, begrenzt das im Stil der englischen Gotik errichtete Tor das Holländische Viertel und die zentrale Innenstadt. Gebaut hat es 1755 Johann Gottfried Büring nach einer Skizze Friedrichs des Großen, im 19. Jh. wurde es mit seinen beiden Türmen dem damals vorherrschenden Stil der Neugotik angepasst.

Einige Cafés und Restaurants sowie der mittwochs und samstags (9–16 Uhr) stattfindende Markt beleben den Platz vor dem Tor.

2 Nikolaikirche ➡ F8
Am Alten Markt
Trams und Busse: Alter Markt/Landtag
✆ (03 31) 270 86 02
www.nikolai-potsdam.de
Tägl. 9.30–17.30 Uhr, Gottesdienst So 10 Uhr
Das Wahrzeichen der Stadt: Markant ist nicht nur die Tambourkuppel in 77 m Höhe, charakteristisch ist auch der von Karl Friedrich Schinkel entworfene Grundriss des klassizistischen Baus in Form eines griechischen Kreuzes. Mit der Ausführung der quadratischen Hallenkirche waren 1843–50 Ludwig Persius und August Stüler betraut, sie schmückten sie mit einem Giebelvorbau mit sechs

Die Nikolaikirche von Karl Friedrich Schinkel, in der Mitte der Obelisk

Säulen. Von den Malereien im Inneren haben sich nur Christus als Weltenrichter mit den zwölf Aposteln in der Apsis erhalten sowie die vier Propheten auf Goldgrund in der Kuppel. Außerdem hat der Altar von Schinkel aus schwarzem Marmor mit hölzernem Baldachin die Zeit überdauert.

Unbedingt zu empfehlen ist der Aufstieg zum Kolonnadendach, das einen der schönsten Ausblicke auf Potsdam bietet.

Normannischer Turm ➡ C6
Ruinenberg
Bus 692: Ruinenbergstr.
✆ (03 31) 969 42 00
www.spsg.de
Nur im Rahmen von Sonderveranstaltungen geöffnet
Der Aussichtspunkt auf dem Ruinenberg mit weiter Sicht über Potsdam und Umgebung ist eine bizarre Landschaftsstaffage, bestehend aus Säulen, einem dorischen Rundtempel, einer Pyramide und einer antiken Theatern nachempfundenen Ruinenwand. Unter Friedrich dem Großen entstanden wurde sie zu Zeiten Friedrich Wilhelms IV. durch einen 23 m hohen Turm ergänzt. Peter Joseph Lenné sorgte für die Verbindung des Ruinenbergs zum Park von Sanssouci.

8 Russische Kirche Alexander Newski ➡ B8
Russische Kolonie 14
Tram 92, 96: Puschkinallee oder Am Schragen
✆ (0179) 290 40 43
www.r-o-k.de
Mo–Do 11.30–15.30, Sa 10–19, So 9.30–17 Uhr
Auf dem Kapellenberg in der Russischen Kolonie Alexandrowka steht die älteste russisch-orthodoxe Kirche auf deutschem Boden, um 1828 erbaut nach einem Entwurf von Karl Friedrich Schinkel. Auf einem würfelförmigen Unterbau erheben sich Kuppeln mit

hohen Tambouren, im Osten bildet eine halbrunde Altarnische den Abschluss. Über dem Südtor ist wiederum der russische Nationalheilige Alexander Newski zu sehen. Außerdem schmücken zahlreiche Ikonen aus St. Petersburg den Sakralbau.

Schiffbauergasse ➡ D/E10
Vgl. S. 43 ff.

Schloss Babelsberg ➡ C12
Park Babelsberg 10
Tram 94, 99: Humboldtring/Nuthestr. oder Bus 616
✆ (03 31) 969 42 00
www.spsg.de
Nur geöffnet im Rahmen von temporären Ausstellungen
1834/35 als Sommerresidenz für den späteren Kaiser Wilhelm I. und Prinzessin Augusta von Sachsen-Weimar entstanden, stellt das Schloss mit seinem gleichnamigen Park einen weiteren bedeutenden Mosaikstein in der Potsdamer Schlösser- und Gartenlandschaft dar. Von außen wirkt das Schloss im neugotischen Tudorstil mit seinen Zinnen, Erkern und Türmen wie eine romantische Burg. Nach Entwürfen Schinkels begonnen, sorgte Ludwig Persius 1844 für eine Erweiterung, die schließlich Johann Heinrich Strack mit oktogonalen Räumen und Spitzbogenfenstern, die fast bis auf den Boden reichen, zur Vollendung führte.

Im Schinkel-Bau befanden sich das Vor-, Empfangs- und Arbeitszimmer Augustas, im Obergeschoss ihr Ankleide- und Schlafgemach mit Landschaftsansichten aus England und religiösen Darstellungen. In Wilhelms Arbeits- und Schlafzimmer mit hellblauer Stuckdecke und gelben Rippen bezeugen Bilder der Schlacht bei Königgrätz die Leidenschaft des Kaisers für das Militär.

Im Erweiterungsflügel entstand das Sommerdomizil für Prinz Friedrich Wilhelm und die englische Prinzessin Victoria. Nach dem Tod des Kaisers 1888 blieb das Burgenschloss weitgehend unverändert und auch im Zweiten Weltkrieg mehr oder weniger unbeschädigt. Die Sanierungsarbeiten an der Fassade des Schlosses wurden 2016 beendet. Von April bis Oktober sind auch die Wasserspiele rund um das Schloss wieder erlebbar. Die Sanierung der Innenräume wird noch etwas dauern.

Die Alexander-Newski-Kirche der Russischen Kolonie Alexandrowka

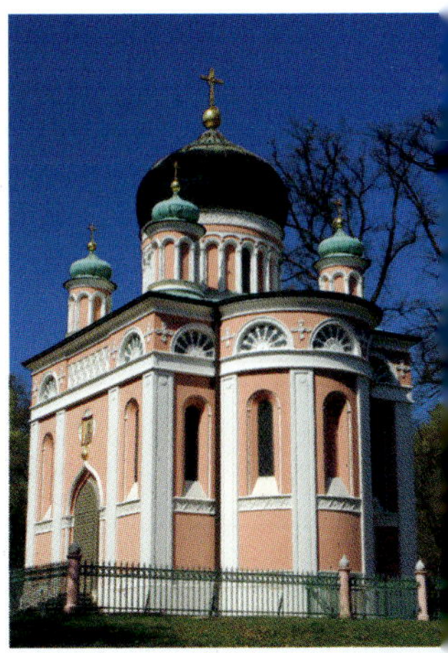

Schloss Lindstedt ➡ C2
Lindstedter Chaussee 4, Bus 614: Lindstedter Chausee
www.spsg.de
Garten frei zugänglich, Räumlichkeiten nur zu Veranstaltungen
Abseits der üblichen Touristenpfade und dennoch in der Nähe des Neuen Palais erhebt sich Schloss Lindstedt. Ursprünglich als Alterssitz für Friedrich Wilhelm IV. geplant, wohnten dort von 1803 bis 1828 auch Vorfahren Vicco von Bülows, besser bekannt als Loriot.

Schloss Sacrow ➡ aC3
Krampnitzer Str. 33, Halbinsel Sacrow
Bus 639: Heinrich-Heine-Weg, dann Bus 697: Schloss Sacrow
✆ (03 31) 60 14 89 77, www.ars-sacrow.de
Geöffnet im Rahmen von temporären Ausstellungen
Unweit der Sacrower Heilandskirche liegt das relative schlichte Herrenhaus inmitten des gleichnamigen Parks auf der Halbinsel Sacrow. Es geht auf ein mittelalterliches Rittergut zurück und wurde später im barocken Stil neu gebaut, bevor es Friedrich Wilhelm IV. erwarb und Peter Joseph Lenné mit der Gestaltung der Parkanlage beauftragte. Im Zuge dessen baute Ludwig Persius das Gebäude zum repräsentativen Landsitz um. Nach wechselvoller Geschichte hat der Verein Ars Sacrow das unrenovierte Gebäude wiederbelebt und veranstaltet dort sehenswerte Ausstellungen, Konzerte und Lesungen.

In der historischen Mitte, am Alten Markt, steht das rekonstruierte Stadtschloss, das den Brandenburger Landtag beherbergt

Stadtschloss/Landtag Brandenburg ➡ F8
Alter Markt 1
Trams und Busse: Alter Markt/Landtag
✆ (03 31) 966 12 60, www.landtag-brandenburg.de
Foyer Mo–Fr 8–18 Uhr, Cafeteria Mo–Do 8–16, Fr 8–14 Uhr, Dachterrasse Mo, Fr 8–18, Di–Do 8–11 und 13–18 Uhr
Bereits im 10. Jh. soll am Havelufer eine Slawenfestung gestanden haben. Das heutige Stadtschloss am Alten Markt ist eine Nachbildung des Gebäudes, das im Zuge des Ausbaus von Potsdam zur Residenzstadt unter Friedrich dem Großen entstand; Georg Wenzeslaus von Knobelsdorff gestaltete 1744–51 den Vorgängerbau im Stil des friderizianischen Rokoko um. Nachdem es im Zweiten Weltkrieg weitgehend ausgebrannt war, wurde es zu DDR-Zeiten abgerissen. Doch durch den massiven Einsatz einer Bürgerinitiative und von Sponsoren wurde der Wiederaufbau vorangetrieben und 2013 vollendet.

Inzwischen residiert hier der **Brandenburgische Landtag**. Das Knobelsdorff-Treppenhaus, das Foyer mit einem interaktiven Gebäudemodell, die Cafeteria und das Landtagsrestaurant sowie die Dachterrasse sind werktags für Besucher zugänglich.

St. Peter und Paul am östlichen Ende der Brandenburger Straße

St. Peter und Paul ➡ E8
Bassinplatz 7
Tram 92, 96: Brandenburger Straße oder Busse: Bassinplatz
✆ (03 31) 230 79 90, www.peter-paul-kirche.de
Di–Sa 10–18, So 12–16 Uhr, Messe Sa 18, So 10 Uhr
Die katholische Kirche, die die Brandenburger Straße nach Osten abschließt, wurde ursprünglich als Garnisonkirche für die katholischen Soldaten gebaut. Heute ist der von August Stüler und Wilhelm Salzenberg 1867–79 errichtete Bau Pfarrkirche der katholischen Gemeinde. Der 64 m hohe Glockenturm wurde dem Campanile von San Zeno Maggiore in Verona nachempfunden, der Grundriss besitzt die Form eines griechischen Kreuzes. Im Inneren befinden sich drei Gemälde von Antoine Pesne, dem Direktor der Berliner Kunstakademie ab 1722.

Volkspark ➡ A6–B7
Vgl. S. 187. ■

Das erste Haus am Platz: Hotel Brandenburger Tor Potsdam

Übernachten

Potsdam verfügt über Beherbergungsbetriebe aller Kategorien von der einfachen Pension über die Unterkunft auf einem Boot bis zum Vier-Sterne-Superior-Hotel. Einige Adressen liegen auch im oder ganz nah am Gebiet des UNESCO-Welterbes, andere wiederum direkt an einem der Seen, sodass der Aufenthalt in der Stadt auch den Charakter eines Erholungsurlaubs haben kann. Seit Oktober 2014 müssen Beherbergungsbetriebe fünf Prozent vom Nettoübernachtungspreis an die Stadt abführen.

Die hier angegebenen Preiskategorien gelten jeweils für ein Doppelzimmer mit Frühstück.

€ – bis 80 Euro
€€ – bis 125 Euro
€€€ – bis 150 Euro

Hotel Brandenburger Tor Potsdam ➡ E7
Brandenburger Str. 1
Trams und Busse: Luisenplatz
✆ (03 31) 87 70 00 00
www.hotel-brandenburger-tor.de
Der Name verrät schon, dass das Vier-Sterne-Hotel am zentralen Luisenplatz liegt. Elegante Zimmer, ein Früh-

stück auf erlesenem KPM-Porzellan und die Hotelbar Voltaire machen den Aufenthalt rundum angenehm. €€€

Hotel Villa Monte Vino ➡ D6
Gregor-Mendel-Str. 27
Bus 695: Brentanoweg
✆ (03 31) 201 33 39, www.hotelvillamontevino.de
Das Drei-Sterne-Superior-Hotel befindet sich auf einem Hügel über dem Winzerberg von Sanssouci, am Rande des Parks. Vom Hotel hat man einen wunderbaren Blick auf die Stadt. Mit Bar, WLAN, Sauna, Fitnessraum. €€€

Inselhotel Potsdam Hermannswerder ➡ H4
Hermannswerder, Ortsteil Templiner Vorstadt
Bus 693: Inselhotel Hermannswerder
✆ (03 31) 232 00
www.inselhotel-potsdam.de
Ruhe und Erholung verspricht die Insellage des Hotels mit eigener Schiffsanlegestelle, Yachthafen und Badesteg. Für das leibliche Wohl sorgt das Seerestaurant mit Terrasse, außerdem stehen den Gästen ein großer Wellnessbereich und ein kostenfreier Parkplatz zur Verfügung. Kinder haben am Streichelzoo mit Esel Fritz und Ponystute Wilhelmine ihr Vergnügen. €€€

Maxx by Steigenberger Hotel Sanssouci ➡ E6
Allee nach Sanssouci 1
Trams und Busse: Luisenplatz
✆ (03 31) 909 10, www.steigenberger.com

Blick auf die Halbinsel Hermannswerder

Näher an Sanssouci geht es nicht. Und auch die historische Innenstadt liegt gleich vor der Tür. Dazu bietet das Haus gemütliche Zimmer in warmen Farben mit Vier-Sterne-Komfort, ein Restaurant, die Bistro-Bar »Friedrich's« sowie die Sommerterrasse im Kutscherhof. Für Entspannung sorgt ein kleiner Wellnessbereich mit Dampfbad und Sauna. Der Preis schließt auch das Ticket für den Nahverkehr in Potsdam und Berlin ein. €€€

Das kleine Apartmenthotel im Holländerhaus ➡ D8
Kurfürstenstr. 15
Busse: Hebelstraße
✆ (03 31) 27 91 10
www.designapartments-potsdam.de
Klein, aber fein ist das authentische Holländerhaus im gleichnamigen Viertel mit acht Apartments, zwei Suiten und mediterranem Innenhof. Auch eine Sauna steht zur Verfügung. Das Frühstück wird separat mit € 14 berechnet. €€

Hotel am Luisenplatz ➡ E6
Luisenplatz 5, Busse: Luisenplatz
✆ (03 31) 97 19 00
www.hotel-luisenplatz.de

Im Holländischen Viertel: Hotel zum Hofmaler

Privat geführtes Hotel in einem schönen Stadtpalais von 1726 mit historischem Flair. Neben dem kulinarischen Angebot des argentinischen Restaurants »El Barón« und dem Wiener Café-Restaurant besticht es durch seine Lage am Brandenburger Tor. €€

Das Entree des Hotels am Luisenplatz schmückt eine Kopie des Doppelstandbilds von Kronprinzessin Luise von Preußen und ihrer Schwester Friederike

Hotel zum Hofmaler ➡ D8
Gutenbergstr. 73
Tram 91, 92, 99: Platz der Einheit
✆ (03 31) 73 07 60
www.hofmaler-hotel-potsdam.de
Dieses beliebte Hotel empfängt seine Gäste direkt im Zentrum des Holländischen Viertels. In den Räumen des 1740–42 erbauten Hauses lebte einst der Hofmaler von Friedrich dem Großen, Friedrich-Wilhelm Bock, der u. a. bei der Gestaltung des Belvedere auf dem Klausberg mitwirkte. Ein moderner Anbau wurde vor einigen Jahren hinzugefügt, um die Kapazitäten des Hotels zu erweitern. Die liebevoll eingerichteten Zimmer bieten trotz zentraler Lage des Hauses Ruhe. Für einen längeren Aufenthalt empfehlen sich die beiden Suiten. €€

NH Voltaire Potsdam ➡ D8
Friedrich-Ebert-Str. 88
Tram 92, 96: Nauener Tor
✆ (03 31) 231 70, www.nh-hotels.de
Ruhig und zentral gelegen in nächster Nähe zum Holländischen Viertel ist das Vier-Sterne-Haus in einem Palais aus dem 19. Jh. sowie einem Neubau das perfekte Stadthotel. Für Erholung sorgt nicht nur der kleine Wellnessbereich mit Sauna, auch im Innenhof, auf der Dachterrasse, im Restaurant und der Bar kann man nach einem Stadtrundgang entspannen. €€

Remise Blumberg ➡ D7
Weinbergstr. 26, Bus 614: Friedenskirche
✆ (03 31) 280 32 31, http://remise-blumberg.de
Eine bessere Lage kann man sich für ein Bed & Breakfast kaum vorstellen. Die Gäste, die das Glück haben, eines der neun Apartments ergattert zu haben, werden sich vor allem über die freundlichen Gastgeber freuen. Sehr idyllisch ist das Frühstück in der Remise im Innenhof. Zum Schloss Sanssouci und in die Innenstadt sind es nur wenige Meter. €€

Schiffspension Luise ➡ C11
Berliner Str. 58
Tram 93: Ludwig-Richter-Str.
✆ (03 31) 24 02 22, www.schiffspension.de
www.pension-tiefensee.de
Ob normale Kajüte oder Kapitänskajüte – hier wohnt man auf dem Wasser und bekommt das maritime Flair des alten Transportkahns zu spüren. Wem das nicht geheuer ist, der kann auch in die dazugehörige **Pension am Tiefen See** ausweichen. €€

Waveboard Boardinghouse ➡ D10
Schiffbauergasse 13 A/B
Tram 94: Schiffbauergasse
✆ (03 31)) 200 85 90, www.waveboard-potsdam.com
Das Aparthotel Waveboard befindet sich mitten im Potsdamer Erlebnisquartier Schiffbauergasse. Es eignet sich für einen längeren Aufenthalt, denn neben modernen Apartments mit Blick auf den Tiefen See (in der obersten Etage), die alle mit Küche ausgestattet sind, finden Besucher auch Waschmaschinen, Trockner und Bügeleisen vor. €€

Hotel am Großen Waisenhaus ➡ E7
Lindenstr. 28/29
Bus 606: Naturkundemuseum
✆ (03 31) 601 07 80
www.hotelwaisenhaus.de

Das angesagte Waveboard Hotel direkt an der Schiffbauergasse bietet Urlaubern alles, was diese für einen längeren Aufenthalt benötigen

Ein denkmalgeschütztes Barockgebäude mit langer Geschichte: Unter Friedrich dem Großen als »Kaserne für beweibte Grenadiere« erbaut wurde es später Lazarett des Waisenhauses. Jetzt empfiehlt es sich mit seinen dezent gestylten Zimmern als ideales Stadthotel für alle, die das Individuelle lieben. €–€€

Camping Sanssouci: Übernachten im überdimensionalen Weinfass

FRITZ Apart Hotel ➡ F12/13
Weberplatz 17
Tram 94, 99: Rathaus Babelsberg
✆ (03 31) 235 40 40, https://hotelfritz.de
Ruhe pur, faire Preise und eine gute Lage am Babelsberger Weberplatz mit seinen niedlichen Weberhäusern. Die Zimmer und Apartments sind zwar relativ schlicht eingerichtet, dafür aber gepflegt und sauber. Jeden Samstag gibt es auf dem Weberplatz einen Bauernmarkt. €

Quartier Potsdam Hostel ➡ C4
Ribbeckstr. 41
Bus 695: Orangerie
✆ (03 31) 273 99 39, www.hostels-potsdam.de
Preiswerter geht es kaum: für €19 pro Person im Vierbettzimmer bzw. für € 49 im Doppelzimmer mit Bad kann man hier an der Nordseite von Schloss Sanssouci in nächster Nähe zum Krongut Bornstedt übernachten. Mit kostenfreiem WLAN, hauseigenem Fahrradverleih und Gemeinschaftsküche. €

Camping Sanssouci ➡ aB2
An der Pirschheide 41
Tram 91: Bhf. Pirschheide
✆ (03 31) 951 09 88, www.camping-potsdam.de
Das ehemalige Jagdrevier wurde von Peter Joseph Lenné zur Gartenanlage als Anhängsel von Sanssouci am Wasser umgestaltet. Hier kann man zelten, es gibt Stellplätze für Wohmmobile und Ferienzimmer. Wer will, kann auch zu Wasser, nämlich auf dem Templiner See, oder im Rahmen einer Fahrradtour über den Europaradweg F1 anreisen. Mehrfach ausgezeichnet wurde der Premium-Campingpark auch wegen seiner guten Ausstattung mit Bootsvermietung, Gasflaschentauschservice, Fahrradverleih und Animationsprogramm. € ■

Essen und Trinken
Restaurants, Cafés, Eisdielen

Die folgenden Preiskategorien beziehen sich auf ein Hauptgericht.

€	–	bis 15 Euro
€€	–	15 bis 25 Euro
€€€	–	über 25 Euro

In den letzten Jahren sind in Potsdam neue Restaurants, Bistros, Weinstuben und Cafés wie Pilze aus dem Boden geschossen, vor allem in der historischen Innenstadt rund um die **Brandenburger Straße** und im **Holländischen Viertel.** Inzwischen haben Besucher die Qual der Wahl: Soll es gehobene Feinschmeckerküche sein? Typisch regionale Spezialitäten? Vegetarisches? Preiswerte Snacks oder eine besonders idyllische Terrasse am Wasser? Alles lässt sich in und um Potsdam finden, mit Sicherheit werden auch besonders Wählerische nicht enttäuscht.

Restaurants

Juliette ➡ D8
Jägerstr. 39
Tram 92, 96: Brandenburger Straße
✆ (03 31) 270 17 91, www.restaurant-juliette.de
Mi–Fr 17–22, Sa/So 12–14.30 und 17–22 Uhr
Elegantes Restaurant im Landhausstil mit französisch-mediterraner Küche. Hier sollte man sich Zeit für ein Drei-, Vier-, Fünf- oder Sechs-Gang-Menü nehmen. €€€

Für Leckermäuler: Das Lakritzkontor bietet eine große Auswahl des schwarzen Goldes

Villa Kellermann ➡ C10
Mangerstr. 34
Tram 93: Mangerstraße
✆ (03 31) 20 04 65 40, www.villakellermann.de
Mi–Fr 18–23, Sa/So 12–14 und 18–23 Uhr
Eine der ersten Gourmetadressen Potsdams ist die geschichtsträchtige Villa am Heiligen See, die Günter Jauch zusammen mit dem Spitzenkoch Tim Raue betreibt. Zu gehobenen Preisen wird eine ambitionierte Interpretation der deutschen Küche serviert. Unbedingt rechtzeitig reservieren! Sehr teuer. €€€

Chi Keng ➡ E6
Luisenplatz 3
Trams und Busse: Luisenplatz

Regionale Spezialitäten

Bier

Auf dem **Krongut Bornstedt** wird bereits seit 1689 Bier gebraut, heute das obergärige helle »Bornstedter Büffel« sowie das dunkle malzaromatische Braunbier. Zur Weihnachtszeit wird außerdem das Bockbier »Bornstedter Büffel Bernstein« gebraut (vgl. S. 132).

Die Bierspezialitäten der **Braumanufaktur im Forsthaus Templin** sind von den Getränkekarten vieler Potsdamer Gaststätten nicht mehr wegzudenken. Die regionalen Biersorten (wie das Potsdamer Stangenbier) des Naturlandbetriebs können auch im Forsthaus gekauft und verköstigt werden (vgl. S. 174).

Sanddorn

Auf Fruchtiges aus der »Zitrone des Nordens« hat sich der **Frucht-Erlebnis-Garten** (www.sanddorn-garten-petzow.de) von Christine Berger in Petzow spezialisiert. Hier werden die vitaminreichen Früchte nicht nur angebaut, sondern auch zu Saft, Secco, Tee, Marmelade und anderem Brotaufstrich verarbeitet.

Schokolade und mehr

Die **Confiserie Felicitas** in der Gutenbergstr. 26 (vgl. S. 174) vertreibt feinste Produkte aus ihrer gleichnamigen Schokoladenmanufaktur in Hornow wie Tafeln, Pralinen und Hohlfiguren. Die himmlischen Pralinen der **Galerie Délice** in der Friedrich-Ebert-Str. 69 (www.felicitas-schokolade.de) werden direkt vor Ort in liebevoller Handarbeit produziert.

Eher zum Verzehr an Ort und Stelle geeignet sind die einmaligen Torten, die die Konditorei **La Maison du Chocolat** im Holländischen Viertel anbietet (vgl. S. 158).

Spezialitäten wie Anisbären, Bananenlakritz, Honigwaben oder Chili- und Kräuterlakritz lassen in der Jägerstr. 21 im **Lakritzkontor** (www.lakritzkontor.de) nicht nur Kinderherzen höher schlagen.

Q-Regio-Hofladen

Das Angebot an regionalen Spezialitäten in der Stadt Potsdam, vor allem aber im Land Brandenburg, ist weitaus größer als die meisten Besucher erwarten. Davon kann man sich im Q-Regio-Hofladen im Holländerviertel einen hervorragenden Überblick verschaffen (vgl. S. 175).

Wein

Neben dem **Obstwein aus Werder** gedeihen auf dem **Werderaner Wachtelberg** seit 1985 auch wieder Rebsorten wie Müller-Thurgau, Sauvignon, Saphira oder Kernling, die zu trockenen oder halbtrockenen Tropfen wie dem roten Velvet, Regent oder Dornfelder oder dem Winzersekt Fridericus Brut verarbeitet werden.

Am besten verkostet man die edlen Getränke vor Ort in der Straußwirtschaft des **Weinbauern Dr. Lindicke** (Plessower Eck 2, Werder, © 03 31-74 14 10, www.weinbau-lindicke.de, Ostern–Mitte Okt. Fr ab 14, Sa/So ab 10 Uhr, ab Aug. zusätzlich Mo–Do 14–20 Uhr).

Potsdamer Fischrestaurant mit Tradition: Der Butt

✆ (03 31) 95 13 77 57
www.chikeng.de
Tägl. 12–22 Uhr
Das klar strukturierte Restaurant und Sushi-Bar besticht durch seine leichte asiatische Küche. Man kann bei der Zubereitung der Speisen zusehen. Die Reispapier-Rollen schmecken einfach himmlisch. €€

Der Butt ➡ E8
Gutenbergstr. 25
Tram 92, 96: Brandenburger Straße
✆ (03 31) 200 60 66
www.der-butt.de
Tägl. ab 12 Uhr
Ob es Fisch aus einheimischen Gewässern – wie Zander, Regenbogenforelle und Havel-Aal – oder aus fernen Meeren – wie Ostseedorsch, Husumer Scholle oder Jacobsmuschel – sein soll, in dem traditionsreichen Haus, das schon 1842 Schankwirtschaft war, kommen Fischliebhaber auf ihre Kosten. €€

Drachenhaus ➡ D3
Maulbeerallee 4 A
Bus 695: Drachenhaus
✆ (03 31) 505 38 08
April–Okt. tägl. 12–18, Nov./Dez. und März tägl. außer Mo 12–18, Jan./Feb. Sa/So 12–18 Uhr
Das historische Drachenhaus am Park Sanssouci empfängt die Gäste nicht nur mit seinem asiatisch inspirierten Ambiente, sondern auch mit großem Speisenangebot. Vom in Sesam gebratenem Ziegenkäse über Bio-Lendchen in Gorgonzola-Sauce bis zu Aprikosen-Schmandkuchen ist für jeden Gaumen etwas dabei. €€

Garage du Pont ➡ B11/12
Berliner Str. 88
Tram 93: Glienicker Brücke
✆ (03 31) 87 09 32 72
www.garagedupont.de
Mo–Sa 12–23, So 10–23 Uhr
Ein französisches Bistro und Café in einer ehemaligen Tankstelle ist an sich schon etwas Besonderes. Die Abendkarte reicht von unkomplizierten Speisen wie Flammkuchen bis hin zu Gerichten wie Entrecôte vom

Premium Beef. Nostalgisches Tankstellen-Ambiente unweit der Glienicker Brücke. Mit Oldtimermuseum in den ehemaligen Werkstatthallen. €€

Skulptur vorm Il Teatro, im Hintergrund das Hans-Otto-Theater

Il Teatro ➡ D10
Schiffbauergasse 12
Tram 93, 94, 99: Schiffbauergasse
✆ (03 31) 20 09 72 91
www.ilteatro-potsdam.de
Tägl. außer Mo 12–24 Uhr
In einer alten Zichorienmühle auf der Schiffbauergasse bietet sich der Italiener ideal in Verbindung mit einem Besuch des Hans-Otto-Theaters an. Pasta, Riesengarnelen und ein Tiramisu runden einen Tanz- oder Theaterabend ab. €€

Kades Restaurant Am Pfingstberg ➡ A8
Große Weinmeisterstr. 43 B
Tram 92, 96: Am Schragen oder Busse: Am Pfingstberg
✆ (03 31) 29 35 33
www.restaurant-pfingstberg.de
Tägl. außer Di 12–22, im Winter Mo nur bis 21 Uhr
Wunderschön ist die idyllische Lage mit Sommergarten beim Aussichtsschloss auf dem Pfingstberg. Regionale Küche, darunter auch Wildspezialitäten oder Buletten mit Apfelrotkraut kommen hier auf den Tisch. Außerdem sorgen Chansons, Kabarettabende oder Jazz-Frühschoppen für Unterhaltung. €€

Kades Restaurant am Pfingstberg

Französische Gastfreundschaft im Holländischen Viertel: das Maison Charlotte

Maison Charlotte ➡ D8
Mittelstr. 20
Tram 92, 96: Nauener Tor
✆ (03 31) 280 54 50, www.maison-charlotte.de
Tägl. außer Di 12–22 Uhr
Gemütliches Bistro mit provenzalischer Küche. Am Kaminfeuer kann man sich Coq au Vin, frische Salate, Crème Brûlée, aber auch Austern, elsässischen Flammkuchen und bretonische Fischsuppe schmecken lassen. Auch preiswerte Mittagsgerichte. €€

Mövenpick Restaurant
Zur Historischen Mühle ➡ D5
Zur Historischen Mühle 2
Bus 695: Schloss Sanssouci
✆ (03 31) 28 14 93
www.moevenpick-restaurants.com
Tägl. außer Mo 8–23 Uhr
In nächster Nähe zu Schloss Sanssouci kann man sich hier mit Frühstücksspezialitäten, Kalbsleber nach Berliner Art und allerlei Gegrilltem stärken. Mit großer Terrasse und Kinderspielplatz. €€

Pino ➡ D7
Weinbergstr. 7
Busse: Jägertor oder Mauerstr.
✆ (03 31) 270 30 30
www.pino-potsdam.de
Tägl. außer So 18–24 Uhr
Olivenöl, Knoblauch und frische Kräuter sind die Würze für die vorzüglichen, italienisch angehauchten Anti-

pasti, Pasta- und Dessert-Kreationen, mit denen die Gäste in stilvoller Atmosphäre inmitten unverputzter Ziegelwände verwöhnt werden. €€

Anna Amalia ➡ aB2
An der Pirschheide 41
Tram 91, 98: Bhf. Pirschheide, dann 1,3 km zu Fuß
✆ (03 31) 96 79 36 16
www.anna-amalia-restaurant.de
Mo–Fr 17–22, Sa/So/Fei 12–22 Uhr
Das Lokal am Templiner See auf dem Gelände des Campingplatzes Sanssouci ist das ideale Ziel für einen Zweiradausflug, denn der Radweg F1 führt hier direkt vorbei. Es gibt regionale Speisen – Wild, Fisch, Salate – bei tollem Ausblick. Im Winter prasselt das Kaminfeuer. Mit Terrasse und Spielplatz. €–€€

Genusswerkstatt ➡ F8
Breite Str. 1 A
Tram 91, 92, 96, 98, 99: Alter Markt/Landtag
✆ (03 31) 74 03 77 07
Mo 10–16, Di–So 10–22 Uhr
Gegenüber vom Landtag teilt sich das Restaurant den ehemaligen Marstall mit dem Filmmuseum. Es verwundert nicht, dass man zur Mittagszeit ein paar Parlamentarier erspäht. Aber auch Nicht-Politiker genießen die italienisch angehauchten Speisen aus der offenen Küche an langen Tischen. Frische, kulinarische Abwechslung in moderner Umgebung. €–€€

In nächster Nähe zu Schloss Sanssouci: Mövenpick Restaurant Zur Historischen Mühle

Sala Thai ➡ D7
Dortustr. 71 C, im Hof
Tram 91, 94, 98: Dortustraße
✆ (03 31) 280 36 70, www.salathai-potsdam.de
Mo/Di, Do/Fr 11.30–15 und 17–22, Sa/So 11.30–22 Uhr
Etwas versteckt in der Altstadt gelegenes Thai-Restaurant im Familienbetrieb. Liebevolle fernöstliche Dekoration und eine breite Auswahl schmackhafter Speisen. €–€€

Athos ➡ F5
Zeppelinstr. 152
Tram 91: Auf dem Kiewitt
✆ (03 31) 97 45 24
www.athos-potsdam.de
Tägl. außer Mo 11.30–14.30 und 17.30–24 Uhr
Von außen erscheint das griechische Restaurant recht unauffällig, die schlichte Außenfassade wirkt nicht gerade einladend. Doch kaum betritt man das Athos, fühlt man sich in einer anderen Welt. Das wie eine Taverne eingerichtete Lokal überzeugt mit authentischen Speisen und lockt zu Recht zahlreiche Gäste an, deswegen ist eine Reservierung unbedingt zu empfehlen. €

Braumanufaktur ➡ aB2
Vgl. S. 174.

Weihnachten im Holländischen Viertel: Sinterklaas-Fest

Café Ricciotti ➡ E8
Wilhelm-Staab-Str. 10
Trams und Busse: Platz der Einheit
✆ (03 31) 58 56 52 20
www.cafe-ricciotti.de
Liebenswertes Café-Restaurant im Gebäude des Nikolaisaals, das nach dem französischen Architekten Rudy Ricciotti benannt ist. Die saisonale Marktküche kommt auch bei den preiswerten Mittagsmenüs zur Geltung. Außerdem Veranstaltungen in Verbindung mit dem Konzertsaal. €

El Puerto ➡ F8
Lange Brücke 6, Tram 92, 96: Lange Brücke
✆ (03 31) 275 92 25
Tägl. 11–23, Fr/Sa im Sommer bis 24, im Winter bis 23.30 Uhr

Sehr beliebt sind die Außenplätze von Herrn Dang auf der Brandenburger Straße

Vor oder nach einem Bootstrip kann man sich im Hafen kulinarisch stärken. Der spanische Name steht für Tapas sowie mediterrane und südamerikanische Gaumenfreuden. Geboten werden auch vegane Kreationen, selbst gemachtes Eis, Kuchen und Torten. €

Herr Dang ➡ E7
Brandenburger Str. 16, Tram 91: Dortustraße
✆ (03 31) 88 71 66 92, www.herr-dang.de
Tägl. 11.30–22 Uhr
Ein idealer Ort für Gäste, die ihren Hunger unterwegs stillen möchten. Gut gewürzte und mit frischen Produkten zubereitete asiatische Gerichte (v. a. vietnamesisch, Sushi) überzeugen nicht nur Touristen, sondern ebenso viele Potsdamer. Die relativ günstigen Preise und der flotte Service sprechen für sich. Zentrale Lage auf der Einkaufsmeile der Stadt. €

Lewy ➡ E7
Dortustr. 17
Trams und Busse: Dortustraße
✆ (03 31) 200 88 02, www.lewy-potsdam.de
Tägl. 11–22.30 Uhr

Liebenswertes Wein-Bistro unter historischem Dach. Vom französischen Frühstück bis zur Lammkeule über Gemüse-Couscous und Südtiroler Schinkenspeck wird hier viel Schmackhaftes und Kreatives geboten. Im Sommer auch auf der Terrasse. €

L'Osteria ➡ F8
Otto-Braun-Platz 1
Tram 91, 92, 96, 98, 99: Alter Markt/Landtag
✆ (03 31) 60 12 98 00, www.losteria.net
Tägl. 12–22 Uhr
Gemütliches italienisches Restaurant mit sehr ansprechender Einrichtung und offener Küche, die vor allem mit Riesenpizzas lockt. Die tolle Lage beim Museum Barberini mit dem Außenbereich direkt am Wasser garantiert zahlreiche Gäste. €

Matschkes Galeriecafé ➡ C8
Alleestr. 10
Tram 92, 96: Reiterweg/Alleestr.
✆ (03 31) 280 03 59
www.matschkes-galeriecafe.de
Di–Fr 15–22, Sa/So 12–22 Uhr
Neben saisonalen deutschen Gerichten stehen auf der Speisekarte des kleinen Café-Restaurants zwischen dem Neuen Garten und der Kolonie Alexandrowka

Neben dem Stadtschloss bietet die L'Osteria traditionelle italienische Küche

Außengastronomie des Mea Culpa

auch ein paar russische Spezialitäten wie Pelmeni oder Borschtsch. Selbst gemachten Kuchen gibt es täglich, hin und wieder finden Lesungen statt. €

Mea Culpa ➡ D7
Dortustr. 1
Tram 96: Brandenburger Straße
✆ (03 31) 201 17 80
www.meaculpa-potsdam.de
Mo–Do 12–22, Fr/Sa 12–24, So 12–19 Uhr
Eines der wenigen spanischen Restaurants in Potsdam. Die zwanglose Atmosphäre mit rustikalen Holztischen erinnert eher an eine Kneipe. Neben einer guten Auswahl kalter und warmer Tapas gibt es ebensolche spanische Weine. Speisen auch zum Mitnehmen. €

Meierei ➡ A9
Im Neuen Garten 10
Bus 603: Höhenstr.
✆ (03 31) 704 32 11
www.meierei-potsdam.de
April–Okt. Di–Fr 11–21, Sa/So/Fei 11–22, Nov.–März tägl. außer Mo 12–20 Uhr
In der ehemaligen Meierei trank schon Friedrich Wilhelm II. seine Milch. Heute werden hier 14 verschiedene Biersorten gebraut. Dazu offeriert das beliebte Ausflugslokal mit großem Biergarten am Wasser Herzhaftes wie Wiener Schnitzel, Preußische Kartoffelsuppe oder Brandenburger Beerengrütze. €

Peter Pane ➡ F8
Otto-Braun-Platz 1
Tram 91, 92, 96, 98, 99: Alter Markt/Landtag

Peter Pane: leckere Burger in vielen Variationen

✆ (0331) 58 17 79 80, www.peterpane.de
Tägl. ab 11 Uhr
Direkt neben Stadtschloss und Museum Barberini gelegen bilden sich vor diesem beliebten Burger-Restaurant regelmäßig Warteschlangen. Und das zu Recht. Die Zubereitung der unzähligen Burger-Varianten und Salate ist frisch und die Portionen sind großzügig. Das moderne, aber gemütliche Ambiente wirkt einladend, besonders der exklusive Außenbereich bietet bei gutem Wetter einen tollen Blick auf das geschäftige Treiben an der Langen Brücke. €

Restaurant Otto Hiemke ➡ F13
Karl-Gruhl-Str. 55
Bus 694: Spindelstr.
✆ (03 31) 17 48 05 96
www.restaurant-ottohiemke.de
Tägl. 12–23.30 Uhr
Das Traditionslokal, die gute Stube von Babelsberg, liegt ganz in der Nähe des Babelsberger Parks. In dem denkmalgeschützten Weberhaus stehen vor allem deutsche Gerichte auf der kleinen Karte. Vor dem Restaurant lädt ein ruhiger Außenbereich zum Verweilen ein. €

Restaurantschiff John Barnett ➡ D10
Schiffbauergasse 12 A
Tram 93, 94, 99: Schiffbauergasse
✆ (03 31) 201 20 99
www.john-barnett.de
Di–Fr ab 16, Sa ab 15, So ab 12 Uhr
Der alte Kahn erinnert an den Pionier der Dampfschifffahrt John Barnett Humphreys, der in Preußen allerdings nicht viel Erfolg mit seinem Unternehmen hatte. Zu herzhaften Gerichten wie maritimem Labskaus gibt es zum Teil auch ein Unterhaltungsprogramm in Form von Seemansliedern, Blues- oder Rockkonzerten. €

Russische Teestube ➡ C8
Russische Kolonie 1
Tram 92, 96: Puschkinallee oder Busse: Reiterweg/Jägerallee
✆ (03 31) 200 64 78
www.alexandrowka-haus1.de
Tägl. außer Mo ab 12–21 Uhr

In der zum Welterbe der UNESCO gehörenden original russischen Teestube taucht man in eine andere Welt ein. Inmitten von Kerzen, Samowars und allerlei Folklore werden Spezialitäten wie Borschtsch, Soljanka und Blini mit russischem Kaviar serviert. €

Weißer Schwan ➡ E7
Dortustr. 13
Tram 92, 96: Brandenburger Straße oder Trams und Busse: Dortustraße
✆ (03 31) 601 27 90, www.schwan-potsdam.de
Tägl. ab 12 Uhr
In diesem 260 Jahre alten, frisch sanierten Lokal treffen sich Tradition und Moderne. Inmitten dunkler Holzeinrichtung wird eine gutbürgerliche, deutsche Küche mit regionalen Produkten serviert, einschließlich Königsberger Klopse und Berliner Leber. €

Cafés

Backstoltz ➡ E7
Dortustr. 59
Trams und Busse: Dortustraße
✆ (03 31) 27 37 90 49
Mo 11–18, Di–Fr 9–20, Sa 10–20 Uhr
Sympathisches, unprätentiöses Lokal mitten im Stadtzentrum. Tolle Kuchen- und Tortenauswahl, kleine Speisen wie Suppen und Quiches zu bezahlbaren Preisen.

Am Restaurantschiff John Barnett

Buena Vida Coffee Club ➡ E8
Am Bassin 7
Tram 92, 96: Brandenburger Straße
✆ (03 31) 87 09 33 93
www.buenavidacoffeeclub.jimdo.com
Mo–Fr 9–18, Sa 9–18, So 10–18 Uhr
Ausgezeichnetes Café am Bassinplatz, das sich ganz der Barrista-Kunst verschrieben hat. In speziellen Kursen kann man sogar lernen, den Milchschaum kreativ zu gestalten. Dass hier die Kaffeegetränke Topniveau haben, ist selbstverständlich, doch auch das Gebäck und der Kuchen können sich sehen lassen.

Café Eden ➡ E4
Lennéstr. 32, im Park Sanssouci
Tram 92: Auf dem Kiewitt, Bus 695: Orangerie
✆ (015 73) 455 85 54
www.eden-potsdam.de
Tägl. außer Mo ab 12 Uhr
Das kleine Freiluft-Café beim Eingang Kuhtor unweit der Römischen Bäder inmitten der Parkanlagen von Sanssouci ist ein geeigneter Ort für eine kleine Ruhe-

Potsdamer Kaffeehaustradition: Café Heider am Nauener Tor

Im Buena Vida Coffee Club ist der Kaffee ein Gedicht

pause von einem Parkspaziergang. Hier gibt es Kaffee und Kuchen oder Eis, Limonade sowie eine Grillstation mit Biowurst und Grillkäse. Originell ist der Verleih von Picknickdecken.

Café Guam – Das Käsekuchencafé ➡ D8
Mittelstr. 38
Tram 92, 96: Nauener Tor
www.cafe-guam.de
Tägl. 11–19 Uhr
Bis zu 30 verschiedene Sorten köstlicher Käsetorten (z. B. Rhabarber, Kirsch, Nougat und Marzipan) vom Konditor, aber auch leckerer Eiskaffee und heiße Schokolade.

Café Heider ➡ D8
Friedrich-Ebert-Str. 31
Tram 92, 96: Nauener Tor
✆ (03 31) 270 55 96, www.cafeheider.de
Tägl. 9–22 Uhr
Ein klassisches Kaffeehaus am zentralen Nauener Tor. Seit 1878 wird hier die Konditoreitradition mit erlesenen Kuchen, Torten, Pralinen und Eis gepflegt. In dem eleganten Ambiente tischt man auch Speisen wie den Heider-Salat oder Wiener Schnitzel auf.

Café Kieselstein ➡ D7
Hegelallee 23
Bus 695: Mauerstr.
✆ (03 31) 601 23 77, http://cafe-kieselstein.de
Tägl. 10–18 Uhr
In der Nähe des Schlosses Sanssouci bekommt man nicht nur leckeren Bio-Kaffee und -Kuchen, sondern auch sehr gute vegetarische und vegane Gerichte sowie gluten-

La Maison du Chocolat im Holländischen Viertel

und laktosefreie Speisen. Der gemütliche Gastgarten lädt zum längeren Verweilen ein.

Kaffeerösterei Junick ➡ E7
Lindenstr. 57
Tram 91, 94, 98: Dortustraße
✆ (0331) 201 17 89
www.kaffeeroesterei-junick.de
Mo–Sa 9–19, So 10–19 Uhr
Wer einen milden, schonend gerösteten Kaffee bevorzugt, ist bei Junick richtig. In der vermutlich ältesten Kaffeerösterei der Stadt gibt es den veredelten Rohkaffee besonders frisch. Dazu stehen hausgemachte Torten und auch herzhafte Speisen zur Auswahl.

Kellermann ➡ F12
Vgl. S. 162 f.

La Maison du Chocolat ➡ D8
Benkertstr. 20
Tram 92, 96: Nauener Tor oder Busse: Hebbelstraße
✆ (03 31) 237 07 30
www.schokoladenhaus-potsdam.de
Tägl. ab 10 Uhr
Ein Klassiker im Holländischen Viertel mit schöner Terrasse, der weitaus mehr als Schokolade zu bieten hat. Neben 30 bis 40 Kuchensorten stehen auch Salate und Spezialitäten der französischen Landhausküche auf der Karte.

Lindencafé in Babelsberg

Lindencafé ➡ F12
Rudolf-Breitscheid-Str. 47/48
S1: Babelsberg
✆ (03 31) 74 00 08 84
www.lindencafe-potsdam.de
Tägl. 9–19 Uhr
Charmantes, traditionsreiches Café in Babelsberg am S-Bahnhof. Hier trifft sich ein bunt gemischtes Völkchen zu Frühstück, Flammkuchen, Kaffee, Kuchen und Eisspezialitäten.

Pandoras Café ➡ C9
In der Orangerie, Im Neuen Garten 7
Bus 603: Birken-/Alleestraße
✆ (0177) 684 29 66
Juli–Mitte Sept. tägl. 11–18 Uhr
Sobald die Palmen und Zitrusbäume ihr warmes Winterquartier in der Orangerie verlassen, öffnet das Café mit Espressobar, Soft- und Longdrinks, Kuchen und kleinen Gerichten. Ein idealer Ort für eine Verschnaufpause inmitten des Neuen Gartens.

Den Spaziergang im Neuen Garten kann man sich mit einem Zwischenstopp in Pandoras Café versüßen

Rosenberg ➡ E7
Dortustr. 15, Trams und Busse: Dortustraße
✆ (0151) 16 95 06 00
www.rosenberg-potsdam.de
Tägl. außer Mo 10–18 Uhr
Eins der wenigen rein veganen Lokale in Potsdam hat Katharina Rosenberg-Ehrl 2017 eröffnet. Hier gibt es zahlreiche selbst gemachte Köstlichkeiten für den kleinen Hunger, etwa Aufstriche und Kuchen. Zentral gelegen.

Eis aus eigener Produktion gibt's bei Die Eisfrau

Eisdielen

Die Eisfrau ➡ F12
Rudolf-Breitscheid-Str. 42
Tram 94, 99: S Babelsberg/Wattstraße
www.facebook.com/dieeisfrau
✆ (03 31) 23 54 72 76
Tägl. 12–18 Uhr, im Winter geschl.
Als die Eisfrau Andrea Lisboa 2015 ihre Eisdiele in Babelsberg eröffnete, wurde sie innerhalb von nur wenigen Wochen Kult. Einfallsreiche Sorten aus eigener Produktion sind ebenso im Programm wie die ewigen Klassiker. Seit Juli 2017 gibt es eine weitere Filiale in der Geschwister-Scholl-Str. 2 in Potsdam-West.

Eismanufaktur Potsdam ➡ E7
Brandenburger Str. 67
Tram 91: Dortustraße
✆ (03 31) 702 04 98
www.facebook.com/eismanufakturpotsdam
Mo–Fr 14–18, Sa/So 13–18 Uhr
Der Name sagt es: Eis aus eigener Produktion – sogar mit mehreren Preisen ausgezeichnet. Auch vegane Sorten. Außerdem punktet die Eisdiele durch ihre zentrale Lage direkt am Brandenburger Tor in der Fußgängerzone. ■

Nightlife
Bars und Kneipen, Club, Sonstiges

Die Zeiten, in denen Nachtschwärmer nach Berlin fahren mussten, um auf ihre Kosten zu kommen, sind leider noch nicht vorbei. Wie es sich für eine Studentenstadt gehört, hat aber auch Potsdam ein kleines, lebendiges Clubleben aufzuweisen. Daneben gibt es allerlei Lokale, die ein breites Publikum ansprechen. Ob es ein gepflegter Drink sein soll oder man klassisch das Tanzbein schwingen möchte – für Auswahl ist vor allem in der Innenstadt gesorgt.

Bars und Kneipen

Bar Fritz'n ➡ E7
Dortustr. 6
Trams und Busse: Dortustraße
✆ (0173) 247 93 53 ,www.barfritzn.de
Tägl. ab 18 Uhr
Massives Eichenholz und bequeme Barstühle bestimmen das Ambiente der eleganten Cocktailbar im Herzen Potsdams. Ob es Kreationen mit Gin, Whisky, Wodka, Tequila oder Rum sein sollen – die Auswahl ist riesig, die Qualität hervorragend. Eine der besten Cocktailadressen der Stadt.

Cocktailbar im Herzen der Stadt: Bar Fritz'n

Bar Gelb ➡ E7/8
Charlottenstr. 29
Trams und Busse: Dortustraße
✆ (03 31) 88 71 55 75, www.bargelb.com
Tägl. ab 18 Uhr
Stylishe Cocktailbar und Tanzwirtschaft mit Innenhofterrasse, wo sich nicht nur alles um die Farbe Gelb, sondern auch um farbige, kreative Cocktails dreht. Craft Beer aus der Region. Mehrmals im Monat Pub-Quiz zu speziellen Themen.

BAR-O-meter ➡ E7
Gutenbergstr. 103
Trams und Busse: Dortustraße oder Luisenplatz
✆ (03 31) 270 28 80
www.facebook.com/BarometerPotsdam
Mo–Do 20–3, Fr/Sa ab 21 Uhr
Klein, aber fein ist diese Bar, die zu den besten Potsdams gehört. Das Angebot an guten Cocktails ist kaum zu übertreffen.

Cuhibar ➡ E7
Luisenplatz 7
Tram 91, 94: Louisenplatz-Süd/Park Sanssouci
✆ (03 31) 58 11 91 81
So–Do 16–1, Fr/Sa 16–3 Uhr
Die sympathische Bar am Luisenplatz versprüht kubanisches Flair. Leckere Cocktails, Latino-Biere und Tapas sind immer im Programm. In der Raucherlounge können die Gäste echte kubanische Zigarren genießen.

Hafthorn ➡ D8
Friedrich-Ebert-Str. 90
Tram 92, 96: Nauener Tor
✆ (03 31) 280 08 20, www.hafthorn.de
Tägl. ab 18 Uhr
Gemütliche, zentrale Hinterhofkneipe mit kleinem Biergarten. Burger und Fingerfood stillen den Hunger.

Das Hafthorn in der Friedrich-Ebert-Straße

Kellermann ➡ F12
Rudolf-Breitscheid-Str. 32
Tram 94, 99: Rathaus Babelsberg
✆ (03 31) 23 16 04 55, www.kellermann-babelsberg.de
Mo–Fr ab 8.30, Sa ab 9 Uhr

Die Schwebeliegen im Kellermann versprechen Entspannung

Fr/Sa lädt die gemütliche Café-Bar abends regelmäßig zu kleinen Konzerten, Lesungen und Partys. Doch auch ohne Programm kann man hier wunderbar den Abend mit einem Cocktail auf den Schwebeliegen ausklingen lassen.

Konsum ➡ F13
Rudolf-Breitscheid-Str. 50
Tram 94, 99: S Babelsberg/Wattstraße
✆ (03 31) 743 70 80, www.thalia-potsdam.de
Tägl. ab 16 Uhr
Eine Babelsberger Institution und räumlich mit dem Thalia-Programmkino verbunden. Nicht nur vor oder nach einem Kinofilm einen Besuch wert: Bier vom Fass, Cocktails und Flammkuchen für den kleinen Hunger in gemütlichem Ambiente. Im Sommer halten sich die meisten Gäste lieber im Außenbereich auf.

La Leander ➡ D8
Benkertstr. 1
Tram 92, 96: Nauener Tor

Die unscheinBar hält eine große Auswahl an Cocktails bereit

✆ (0331) 583 84 08
www.facebook.com/leander.potsdam
Mo–Do 15–1, Fr 15–3, Sa 10–3, So 10–1 Uhr
Gemütliche Kneipe im Holländischen Viertel sowie Treffpunkt und »Wohnzimmer« der schwul-lesbischen Szene Potsdams, in der sich auch Heteros wohlfühlen.

Olga ➡ E7/8
Charlottenstr. 28
Tram 91, 94: Brandenburger Straße
http://charlotte28.blogsport.de
Tägl. ab 19 Uhr
Die links-alternative Olga befindet sich im ehemals besetzten Haus Charlotte28Potsdam, das verschiedene Projekte in sich vereint. Junge Leute betreiben das Lokal ehrenamtlich, entsprechend sind die Preise klein und das Publikum ist studentisch. Außerdem Veranstaltungen wie Filmvorführungen, kleinere Konzerte oder Tausch-Nachmittage.

Pub a la pub ➡ F8
Breite Str. 1
Tram 91, 92, 93, 96: Alter Markt/Landtag
✆ (03 31) 24 07 26, www.facebook.com/pubpotsdam
Tägl. 20–1 Uhr
Die Studentenkneipe in Potsdam schlechthin. Dementsprechend günstig sind die Getränkepreise und deshalb ist es hier häufig sehr voll. Partys, Quizabende oder Konzerte erfreuen sich ebenfalls großer Beliebtheit.

Rückholz ➡ F5
Sellostr. 28, Tram 91, 94: Auf dem Kiewitt
✆ (0176) 61 56 02 09, www.facebook.com/rueckholz
Tägl. außer So 18–4 Uhr
Die Bar im Wohngebiet Potsdam-West punktet mit einer großen Cocktailauswahl, gemütlicher Lounge-Atmosphäre und einem schönen Außenbereich. Donnerstags Kneipenquiz, regelmäßig Konzerte.

unscheinBar ➡ F8
Friedrich-Ebert-Str. 118
Trams und Busse: Platz der Einheit
www.unscheinbar-potsdam.de
Di–Sa ab 19 Uhr

Von außen tatsächlich eher unscheinbar, empfängt einen die kleine Bar innen mit einer lockeren Wohnzimmeratmosphäre. Zu den Getränken gibt es dezente Musik und kostenloses Knabbergebäck. Wer will, kann sich die Zeit mit Brettspielen vertreiben.

Van Gogh Shisha Lounge ➡ D8
Kurfürstenstr. 1
Tram 92, 96: Nauener Tor oder Busse: Hebelstraße
✆ (01577) 069 16 35
www.facebook.com/VanGoghShishaLoungePotsdam
Di–Sa ab 20 Uhr
Über 100 Longdrinks und Cocktails hat die kleine Bar im Holländischen Viertel auf Lager. Von Ledersesseln blickt man auf van Goghs Werke und kann dabei genüsslich Wasserpfeife rauchen.

Waschbar ➡ F5
Geschwister-Scholl-Str. 82
Trams 91, 94, 98: Bhf. Charlottenhof
✆ (03 31) 967 87 16, www.waschbar-pdm.de
Tägl. ab 10 Uhr
Ausgefallene Kneipe mit Waschsalon unweit des südwestlichen Eingangs zum Park Sanssouci, in der auch Konzerte und Ausstellungen stattfinden. Vom Frühstück über Burger bis Cocktails ist man hier von morgens bis abends gut versorgt.

Die Waschbar in Potsdam-West ist immer gut besucht

Freut sich über Fans von Roulette, Black Jack und Poker: die Spielbank Potsdam

Club

Gutenberg 100 ➡ D8
Kurfürstenstr. 52
Tram 92, 96: Nauener Tor oder Busse: Hebbelstraße
✆ (03 31) 28 79 50 40, www.gutenberg100.de
Do–So ab 20 Uhr
Rock, Pop, Blues, Kultkaraoke – im Live-Club wird nach einer kuriosen Mischung gefeiert und getanzt. Neben dem Konzertprogramm und den Cocktails trägt auch ein Kickertisch zur guten Laune bei.

Sonstiges

Spielbank Potsdam ➡ F8
Schlossstr. 14, Trams und Busse: Alter Markt/Landtag
✆ (03 31) 290 93 00, www.bbsb.de
Automatenspiele tägl. 11–3, klassisches Spiel ab 19 Uhr
Eintritt frei, Mindestalter 18 J.
Hier werden nicht nur die Nerven bei allen möglichen Spielen gekitzelt – auch das denkmalgeschützte Gebäude, 1750 von Georg Wenzeslaus von Knobelsdorff erbaut, ist sehenswert.

Waschhaus ➡ D10
Vgl. S. 172 ■

Kultur und Unterhaltung
Tickets, Theater, Konzerte, Kabarett, Kino

Dass sich das Kulturleben von Potsdam in den letzten Jahren wesentlich weiterwickelt hat, ist vor allem am Hans-Otto-Theater abzulesen. Der spektakuläre Neubau am Ufer des Tiefen Sees ist sozusagen die Visitenkarte der **Schiffbauergasse**, eines geschichtsträchtigen Areals, das mit einer geballten Ladung an Tanz, Theater, Musik und Kabarett als neues Kultur-Quartier der Stadt erschlossen wurde. Hier ist auch die Avantgarde zu Hause und bildet einen interessanten Kontrast zu traditionellen, aber ebenso sehenswerten Veranstaltungsorten wie dem Nikolaisaal oder dem liebenswerten Schlosstheater im Neuen Palais.

Tickets

MAZ-Media Store ➡ D8
Friedrich-Ebert-Str. 85/86
Tram 92, 96: Nauener Tor
✆ (03 31) 280 46 94
www.my-mediastore.de/maerkische-allgemeine-5

Ticket-Galerie im Nikolaisaal ➡ E8
Wilhelm-Stab-Str. 10/11
Trams und Busse: Platz der Einheit
✆ (03 31) 288 88 28

Ticket-Service
In den Tourist Informationen
Vgl. S. 208.

MAZ-Media am Nauener Tor

Theater, Konzerte, Kabarett

Buchhandlung Viktoriagarten Vgl. S. 181.

fabrik Potsdam ➡ D10
Schiffbauergasse 10
Tram 93, 94, 99: Schiffbauergasse
✆ (03 31) 24 09 23, www.fabrikpotsdam.de

Stadt für eine Nacht

Seit 2010 gibt es das Potsdamer Event »Stadt für eine Nacht« nun schon und es erfreut sich mittlerweile ungeheurer Beliebtheit. Das Besondere: 24 Stunden lang wird auf dem Gelände der Schiffbauergasse, also rund um das Hans-Otto-Theater, die Stadt Potsdam gefeiert. Einmal im Jahr wird im Hochsommer von Samstag 14 Uhr bis Sonntag 14 Uhr aus Zelten, Buden und Bühnen eine Art temporäre Stadt zum Leben erweckt. Besiedelt wird sie von Straßenschauspielern, Forschern, Künstlern, Handwerkern, Vereinen oder Bürgerinitiativen, die die Besucher zum Entdecken, Experimentieren, Hören, Sehen und Erleben einladen. Rund um dieses Zentrum bieten die angrenzenden Kulturhäuser der Schiffbauergasse tatsächlich 24 Stunden lang ein facettenreiches Programm. Während sich der Nachmittag vor allem für Kinder eignet, findet in der Nacht Party statt – wie könnte es anders sein. Der Eintritt ist frei. Weitere Infos: www.schiffbauergasse.de.

Das Internationale Zentrum für Tanz und Bewegungsforschung hat sich auf Tanztheater spezialisiert, hat aber auch Schauspiele und Konzerte auf seinem Programm. Außerdem finden hier im Frühsommer die Potsdamer Tanztage statt.

Hans-Otto-Theater ➡ D10
Schiffbauergasse 11
Tram 93, 94, 99: Schiffbauergasse
✆ (03 31) 981 18, www.hansottotheater.de
Kartenverkauf Mo-Fr 10–18 Uhr
Spektakulärer Bau des Kölner Architekten Gottfried Böhm mit einem aus roten Scheiben bestehenden Dach – und auch mit dem Boot erreichbar. Innen erwartet das Publikum ein klassisches Mehrspartentheater mit Schwerpunkt Schauspiel, darunter auch die eine oder andere Uraufführung.

An warmen Tagen lockt der Garten der fabrik mit Eis und Kuchen

Kabarett Obelisk Potsdam ➡ E8
Charlottenstr. 31
Trams und Busse: Platz der Einheit
✆ (03 31) 29 10 69
www.kabarett-potsdam.de
Traditionsreiches Kabarett-Ensemble, das sich schon zu DDR-Zeiten mit gekonnter Satire hervortat und heute mit Titeln wie »Besser Wahlschlappen als gar keine Badelatschen« Furore macht. Markenzeichen des Kabaretts ist seine Musikalität – nachhörbar auch auf

Am schönsten von der Wasserseite aus: das Hans-Otto-Theater des Kölner Architekten Gottfried Böhm

den Live-CDs »Ossis völlig durchgedreht«. Ab 18 Uhr ist die Kabarettkneipe geöffnet, im Sommer lockt der Hofgarten.

Nikolaisaal ➡ E8
Wilhelm-Staab-Str. 10/11
Trams und Busse: Platz der Einheit
✆ (03 31) 288 88 28, www.nikolaisaal.de
Kartenverkauf Mo–Fr 12–17 Uhr und 1 Std. vor Veranstaltungsbeginn
Schon allein die Architekturperle im historischen Barockgebäude, in den der französische Architekt Rudy Ricciotti einen modernen Neubau integriert hat, lohnt den Besuch. Das Veranstaltungsprogramm schafft den Spagat zwischen Konzerten aller möglichen Musikstile von der Operette bis zum Hip-Hop und bietet auch Raum für Kleinkunst. Im Haus befindet sich das sympathische Café-Restaurant Ricciotti (vgl. S. 150), das auch Konzertmenüs und Sonntagsfrühstück mit Livemusik anbietet.

Rechenzentrum ➡ F7
Dortustr. 46
Tram 91: Dortustraße oder Bus 606: Naturkundemuseum
✆ (01 79) 189 56 84, http://rz-potsdam.de
Seit 2015 wird das ehemalige Potsdamer Rechenzentrum, ein DDR-Bau aus dem Jahr 1971, von Künstlern als Ort für Begegnung, Produktion und Kollaboration

Klassisches Konzert im Nikolaisaal

genutzt. Der Vertrag mit der Stadt beinhaltet derzeit allerdings eine Befristung bis zum Jahr 2023, Zukunft ungewiss. Über 250 Kunst- und Kreativschaffende entwickeln hier auf etwa 5000 m² ihre Ideen und Projekte. Der Café- und Ausstellungsbereich im Erdgeschoss wird für Vernissagen, Lesungen, Musik- und Filmabende, Vorträge und Diskussionen genutzt. Sehenswert ist der denkmalgeschützte Mosaikfries von Fritz Eisel »Der Mensch bezwingt den Kosmos«, der sich um die Fassade zieht.

Fritz Eisels Mosaik »Der Mensch bezwingt den Kosmos« (Ausschnitt) am Rechenzentrum

Schlosstheater im Neuen Palais ➡ D/E3
Park Sanssouci, Am Neuen Palais
Bus 605, 606, 695: Neues Palais
✆ (03 31) 969 42 00
www.spsg.de
Das Rokokotheater im Neuen Palais aus der Zeit Friedrichs des Großen ist ein einzigartiges Juwel. Nach siebenjähriger Restaurierung ist es wieder geöffnet und beliebter Veranstaltungsort für Konzerte, Lesungen sowie die Aufführungen der Potsdamer Winteroper, kann aber auch für private Events angemietet werden.

Scholle 51 Atelierhaus der Kultur- und Kreativwirtschaft ➡ F4
Geschwister-Scholl-Str. 51
Tram 91: Charlottenhof Bhf.
www.scholle51.de
Die ehemalige Großgaststätte Charlottenhof wurde 2013 nach vielen Jahren des Leerstands als Nachbarschaftshaus wiederbelebt. Seitdem wird gewerkelt und initiiert, das bauliche Entwickeln geht Hand in Hand mit

dem Entwickeln kultureller bzw. nachbarschaftlicher Projekte. Im Sommer zeigt man besondere Filme im kleinen Open-Air-Kino.

Theaterschiff ➡ D10
Schiffbauergasse 9 B
Tram 93, 94, 99: Schiffbauergasse
✆ (03 31) 280 01 00
www.theaterschiff-potsdam.de
Mi–Sa ab 18 Uhr
Am Hans-Otto-Theater liegt der alte Lastkahn vor Anker, der regelmäßig zur schwimmenden Bühne wird. Jazz- und Blueskonzerte, Kabarett, Lesungen und die gemütliche Schiffskneipe, die vom Geeisten Kirschtomatensüppchen bis zum Kalbsfilet vieles auffährt, sorgen rundum für gute Unterhaltung.

T-Werk ➡ D10
Schiffbauergasse 4
Tram 93: Schiffbauergasse
✆ (03 31) 71 91 39, www.t-werk.de
Kartenverkauf Mo–Fr 10–16 Uhr und eine Stunde vor Veranstaltungsbeginn
Eine Spielstätte in der Schiffbauergasse mit vielseitigem Programm: Musiktheater, Schauspiel, Masken- und Figurentheater, Konzerte, Lesungen und Workshops finden hier statt. Außerdem ist das T-Werk Schauplatz des Theaterfestivals UNIDRAM und der Potsdamer Märchennacht.

Das Waschhaus Potsdam: eine der wichtigsten Adressen für Konzerte und Partys im Land Brandenburg

Die Thalia Kinos in Babelsberg

Waschhaus ➡ D10
Schiffbauergasse 6; Tram 93: Schiffbauergasse
✆ (03 31) 27 15 60, www.waschhaus.de
Die frühere Garnisonswäscherei hat sich seit der Wende vom besetzten Haus zu einem wichtigen Kulturzentrum und genreübergreifenden Veranstaltungsort für Tanz, Literatur, Konzerte, Clubkultur und Bildende Kunst entwickelt.

Kino

Thalia Kinos ➡ F12
Rudolf-Breitscheid-Str. 50
S1: Babelsberg, Trams 94, 99: Babelsberg/Wattstraße
✆ (03 31) 743 70 30
www.thalia-potsdam.de
Ausgezeichnetes Filmkunst- und Familienkino in Babelsberg – und das schon seit 100 Jahren! Breites Programm, zahlreiche Filmreihen.

UCI-Kinowelt ➡ G9
Babelsberger Str. 10
Trams und Busse: Lange Brücke, Potsdam Hbf.
✆ (03 31) 233 72 33, www.uci-kinowelt.kino-potsdam.de
Kinocenter (acht Säle) direkt im Bahnhof Potsdam mit vielfältigem Angebot an aktuellen Filmen. Keine Kartenreservierung. ■

Fête de la Musique und UNESCO-Welterbetag

Die **Fête de la Musique** geht angeblich auf eine Initiative von Jack Lang, dem ehemaligen französischen Kulturminister, zurück. Am 21. Juni 1982 wurde in Paris die erste Fête de la Musique eröffnet. Mittlerweile beteiligen sich unzählige Städte weltweit an diesem Fest. Potsdam ist seit 2004 dabei, seitdem breitet sich alljährlich am 21. Juni abends und nachts in weiten Teilen Potsdams ein Klangteppich aus, der kaum jemanden schlafen lässt. Ein Grund mehr, länger wach zu bleiben und den gut 100 Bands auf den rund 40 Bühnen zuzuhören oder zu ihrer Musik zu tanzen. Selbstverständlich kostenlos. Mehr Infos findet man auf www.fete-potsdam.de.

Besonders gefeiert wird in Potsdam seit 1990 auch der **UNESCO-Welterbetag** am ersten Sonntag im Juni. Er soll auf die Einzigkartigkeit und Vielfalt des UNESCO-Welterbes in der Stadt aufmerksam machen, steht jeweils unter einem anderen Motto und findet mit thematischen Führungen, Lesungen und anderen Veranstaltungen an wechselnden Orten statt. Informationen unter www.unesco-welterbetag.de.

Shopping
Märkte, Spezialitäten, Mode, Wohnaccessoires und Souvenirs, Bücher

Die Haupteinkaufsmeile Potsdams ist die Fußgängerzone **Brandenburger Straße**, wo die üblichen Ketten vertreten sind und auch Galeria (Karstadt) in einem historischen Stadtpalais mit der Hausnummer 52 untergekommen ist. Besonders schön shoppen lässt es sich in den umliegenden Quer- und Parallelstraßen, etwa in der **Linden- und der Gutenbergstraße**. Auch das 4 **Holländische Viertel** ist nur so gespickt mit kleinen Läden, die Mode, Schmuck, Kunsthandwerk und Souvenirs präsentieren. Immer mehr Geschäfte siedeln sich auch rund um den Alten Markt an.

Die **Passagen des Hauptbahnhofs** haben sich mittlerweile zu einem bedeutenden Einkaufszentrum entwickelt. Wetterunabhängiges Shoppen verspricht das **Stern-Cente**r an der Nuthe-Schnellstraße, rund 85 Fachgeschäfte bekannter Marken sind vor Ort.

Märkte

Markt Am Nauener Tor ➡ D8
Nauener Tor
Tram 92, 96: Nauener Tor
www.markt-am-nauener-tor.de
Mi und Sa 9–16 Uhr
Unter dem Motto »Kunst und Kulinarisches« werden Spezialitäten wie Käse aus der Hofkäserei, Spargel und Biogemüse aus dem Umland oder Leinöl aus der Ölmühle in Werder angeboten. Mittwochs ist der Markt kleiner.

Markt Am Nauener Tor

Potsdamer Wochenmarkt ➡ E8
Bassinplatz
Tram 92, 96: Brandenburger Straße oder Nauener Tor
Mo–Fr 7–16, Sa 7–13 Uhr
Obst, Gemüse, Hausrat, Kleidung und anderes für den täglichen Bedarf.

Schokoladenträume werden wahr in der Confiserie Felicitas

Spezialitäten

Bäckerei Braune ➡ E8
Friedrich-Ebert-Str. 101,
✆ (03 31) 29 33 47
www.baeckerei-braune.de
Di/Mi, Fr 6.30–18, Do 6.30–18.30, Sa 6.30–14 Uhr
Die traditionsreiche Bäckerei, die mehr als 160 Jahre in Familienbesitz ist, gehört zu den besten Deutschlands und wurde zu Recht mehrfach ausgezeichnet. Ob Brötchen, Brot, Kuchen oder Torten – alles überzeugt!

Braumanufaktur Potsdam ➡ aB2
Im Forsthaus Templin
Templiner Str. 102
Bus 607: Forsthaus Templin
✆ (03 31) 21 79 79
www.braumanufaktur.de
Mi–So 11–21 Uhr
Bio-Hell, Potsdamer Stange, Mai-, Ernte- oder Weihnachtsbock – die Biere von Brandenburgs einziger Biobrauerei schmecken allen.

Das Forsthaus ist auch ein tolles **Ausflugslokal** (€), das mit deftigen Speisen sowie Kaffee und Kuchen aufwartet. Mit Spielplatz für die Kids.

Kaffeezubereitung als Kunstform: Espressonisten

Confiserie Felicitas ➡ E8
Gutenbergstr. 26
Tram 92, 96: Brandenburger Straße
✆ (03 31) 201 24 70
www.felicitas-schokolade.de
Tägl. außer So 10–18 Uhr
Inzwischen sind die belgischen Chocolatiers aus der Niederlausitz auch in Potsdam mit ihren Köstlichkeiten vertreten. Feinste Pralinen, Schokoladen- und im Sommer Eisspezialitäten, auch in Bioqualität, entstehen hier vor den staunenden Augen der Kunden.

Espressonisten ➡ E8
Gutenbergstr. 27
Tram 92, 96: Brandenburger Straße oder Nauener Tor
✆ (03 31) 231 64 09
www.espressionisten.de
Mo–Fr 10–14 und 15–18, Sa 10–16 Uhr

Ölmühle an der Havel: Mühlenfrische Öle, Kräuter, Pestos und schöne Dinge für die Küche

Kaffeezubereitung als Kunstform zelebrieren die Espressionisten. Sie versammeln alles, was das Barista-Herz begehrt: Espresso-Maschinen, eine Riesenauswahl an exotischen Kaffeesorten, Leckereien wie Cantucci oder Dulce de Leche aus Argentinien. Hin und wieder auch Workshops. Mit Café-Bar zum Probieren.

Kaffeerösterei Junick ➡ E7
Vgl. S. 158.

Lakritzkontor ➡ E8
Jägerstr. 21
✆ (03 31) 200 58 90, www.lakritzkontor.de
Tägl. außer So 10–18.30 Uhr
Lakritzkaffeelikör, salzige Lakritze mit Schokoladenüberzug, Lakritzpralinen mit Karamell – über 500 Süßholzspezialitäten aus verschiedenen Ländern füllen die Regale des stylishen Ladens.

Ölmühle an der Havel ➡ D8
Friedrich-Ebert-Str. 28
Tram 92, 96: Nauener Tor
✆ (03 31) 64 74 40 77
www.oelgenuss.de
Mo–Fr 12–16, Sa 11–16 Uhr
Frische, schonend kalt gepresste Öle von regionalen Ölmühlen aus eigener Herstellung: Aprikosenkernöl, Hanföl, Leinöl, Leindotteröl, Senföl, Sonnenblumenöl, Mohnöl, Chiliöl, Mohn-Vanille-Öl oder Lemongrasöl. Außerdem im Sortiment: ausgewählte Kräuter und Pestos.

Bunt gemustert, mit Schluppen oder ganz schlicht – bei FRAU PAUL findet jede ihre Traumbluse

Q-Regio ➡ E8
Gutenbergstr. 83
Tram 92, 96: Brandenburger Straße oder Nauener Tor
✆ (03 31) 64 75 10 91
www.q-regio.de
Tägl. außer So 9–19 Uhr
Eine von vielen Filialen im Land, die Regionales aus Berlin und Brandenburg verkaufen. Darunter delikate Frucht-Chutneys, Käsespezialitäten von Kuh, Schaf, Ziege oder Büffel, Öle und Liköre.

Whisky-Manufaktur ➡ E8
Gutenbergstr. 98
Tram 96: Brandenburger Straße
✆ (03 31) 280 05 63, www.whisky-manufaktur.de
Di–Fr 11–18.30, Sa 10–16 Uhr
Es ist sehr unwahrscheinlich, dass man nach dem Besuch des Verkaufsraums der Whiskey-Manufaktur glaubt, woanders besseren Whiskey zu bekommen. Über 600 Sorten, hauptsächlich Scotch Single Malts, werden hier angeboten.

Mode, Schuhe, Kosmetik, Schmuck

Badezimmer Potsdam ➡ E7
Gutenbergstr. 18
Tram 92: Brandenburger Straße
✆ (03 31) 88 71 41 40
www.facebook.com/BadezimmerPotsdam
Mo–Fr 10–18, Sa 10–14 Uhr
Wer sich in der Welt der Schönheit und Kosmetik zu Hause und vor allem wohlfühlt, sollte unbedingt mal

ins Badezimmer gehen – in das kleine Geschäft, wo es natürliche Beautyprodukte aus der ganzen Welt gibt, von denen man vielleicht vorher noch nie etwas gehört hat.

Chèvrefeuille ➡ E8
Gutenbergstr. 29
Trams und Busse: Dortustraße
✆ (03 31) 20 05 81 93, www.chevrefeuille.de
Tägl. außer So 11–19 Uhr
Liebevoll und stilsicher ausgestattete Boutique von Doreen Waesch mit individueller Mode und Accessoires.

Deine Neuen Schuhe ➡ E7
Dortustr. 14
Trams und Busse: Dortustraße
✆ (03 31) 201 64 16
www.facebook.com/deineneuenschuhe
Mo–Sa 11–19 Uhr
Kleiner Schuhladen mit feiner Auswahl, die sich ständig ändert. Vor allem aber sind trendige und doch bequeme Schuhe im Angebot. Mittlerweile gibt es auch Kleidung. Die Spanne reicht von altbewährten Marken wie Fly London, Vagabond & Blutsgeschwister bis hin zu neuen, unbekannteren Labels.

Der Name ist Programm: Kaufrausch in der Lindenstraße

Der Goldschmiedemeister ➡ E7
Lindenstr. 11; Trams und Busse: Dortustraße
✆ (03 31) 24 34 10 04, www.dergoldschmiedemeister.de
Di–Fr 11–18, Sa 11–16 Uhr
Goldschmied Andreas Martin repariert und restauriert Schmuck, natürlich nicht nur, er fertigt auf Kundenwunsch Unikate an und bietet eine umfangreiche Kollektion zum Kauf an. Etwa den von ihm gestalteten Potsdam-Ring. Häufig ist er schon um 9 Uhr in seiner Werkstatt anzutreffen.

FRAU PAUL Blusen ➡ E7
Gutenbergstr. 18; Tram 92, 96: Brandenburger Straße
✆ (03 31) 37 97 48 36, www.fraupaul.de
Mo–Fr 10–18, Sa 10–16 Uhr
Blusen, Blusen, nichts als Blusen: Das 2017 eröffnete Geschäft konzentriert sich ganz auf das wieder voll im Trend liegende Damenbekleidungsstück. Dass das

Bei Schuhbaar findet Frau ausgefallene Schuhe

alles andere als eintönig ist, zeigt die unendliche Vielfalt an Farben, Mustern, Schnitten und hochwertigen Materialen.

Kaufrausch ➡ E7
Lindenstr. 16; Trams und Busse: Dortustraße
✆ (0163) 546 88 02, www.kaufrausch-potsdam.de
Tägl. außer So 11-18 Uhr
Trendige, originelle Outfits für Sie und Ihn, auch Accessoires wie Taschen oder Schmuck. Alles mit viel Liebe zum Detail und Stilsicherheit ausgewählt. Wer eine kompetente und indiviuelle Beratung sucht, ist hier richtig.

Maliné ➡ D8
Jägerstr. 36
Tram 92, 96: Brandenburger Straße oder Nauener Tor
✆ (03 31) 243 75 07
www.huete-potsdam.de
Di–Fr 10–18.30, Sa 10–18 Uhr
In einer Seitenstraße im Zentrum versteckt sich dieses Hutatelier, das eine wahre Fundgrube für alle ist, die ihren Kopf mit handgefertigten Hüten oder Kappen schmücken möchten.

Schuhbaar ➡ E7/8
Brandenburger Str. 24
Tram 92, 96: Brandenburger Straße
✆ (03 31) 280 40 63, www.schuhbaar.de
Mo–Fr 10–19, Sa 10–18.30 Uhr
Das bekommt man nicht überall: Rosa Stiefeletten, Damen-Ballerinas mit Leopardenmuster oder Pumps von Hispanitas gehören zum Repertoire dieses Damenschuhladens im 1950er-Jahre-Ambiente.

Suum Cuique ➡ E8
Friedrich-Ebert-Str. 15
Tram 92, 96: Brandenburger Straße
✆ (03 31) 817 05 21
www.suum-cuique-potsdam.de
Tägl. außer So 10.30–19 Uhr
Angelina Capuozzo führt in ihrer Boutique nicht nur eine hervorragende Auswahl internationaler Mode, sondern auch Schuhe, Accessoires und Schmuck.

Tante Paula ➡ D8
Benkertstr. 11
Tram 92: Brandenburger Straße
✆ (03 31) 64 74 74 54
www.bei-tante-paula.de
Mi–Fr 11–18, Sa 11–16 Uhr
Bei Tante Paula im Holländischen Viertel gibt es Kleidung sowie Mode- und Wohnaccessoires. Neben Produkten aus der eigenen Manufaktur werden auch Artikel anderer Labels angeboten.

Wohnaccessoires und Souvenirs

Futur eins ➡ F7
Dortustr. 46
✆ (0152) 25 73 91 04, www.futur-eins-gallery
Di–Fr 13–19, Sa 13–18 Uhr
Tram 91, 92, 93, 96, 98, 99: Alter Markt/Landtag oder Bus 606: Naturkundemuseum
Eine schöne Grafik, ein witziges Kartenspiel oder der Bürostuhl DDR Makeover – in der Galerie und dem Kunstshop des Kunst- und Kreativhauses Rechenzentrum lässt sich bestimmt ein originelles Objekt erstehen.

Königliche Porzellanmanufaktur ➡ E7
Brandenburger Str. 3
Trams und Busse: Luisenplatz
✆ (03 31) 237 06 33, www.kmp-berlin.com
Tägl. außer So 10–18 Uhr

Das Outlet der Porzellanmanufaktur am Brandenburger Tor

Feinste Teller, Tassen, Dosen, Vasen und Figuren aus dem berühmten weißen Gold der Königlichen Porzellanmanufaktur zu Berlin. Wie wäre es mit einem Medaillon, einem Briefbeschwerer oder einem Schmuckteller mit Friedrich II.?

Königsblau Keramik ➡ D8
Mittelstr. 7, Tram 92, 96: Nauener Tor
✆ (03 31) 280 52 89
www.koenigsblau-schmerwitz.de
Tägl. 10–18 Uhr
Die handgetöpferte blaue Keramik aus dem Fläming passt nicht nur gut ins Holländische Viertel. Sie findet auch viel Anklang bei Besuchern, die sich die Becher, Teller, Tassen und Töpfe gern mit nach Hause nehmen.

Königsblaues Porzellan kann man bei Königsblau Keramik erstehen

Stauraum ➡ E8
Charlottenstr. 94
Trams und Busse: Platz der Einheit
✆ (03 31) 237 06 45
www.facebook.com/Stauraum-487997374603240
Mo 11–15, Di–Do 11–18, Fr 11–19, Sa 11–16 Uhr
Lkw-Plane, Fahrradschlauch, Turnmatte oder Kaffeesack: Aus allem lässt sich mit einiger Erfindungsgabe noch etwas machen. Ob Notebook-, Handy- oder Fahrradtasche – in dem kleinen Laden findet sich jede Menge Originelles aus Recycling-Material.

Trouvé – Ideen und Objekte ➡ E8
Jägerstr. 30 (2. Hinterhof)
Tram 92, 96: Brandenburger Straße
✆ (03 31) 97 93 19 42, www.trouve.de
Mi–Fr 11–18, Sa 11–16 Uhr
Große Auswahl an wunderschönen Vintage-Möbeln und nordischen Holzmöbeln: Gartentische, Regale, Hocker, aber auch Industrieleuchten und Accessoires.

Bücher

Buchhandlung Viktoriagarten ➡ F5
Geschwister-Scholl-Str. 10
Tram 91: Charlottenhof Bhf.
✆ (03 31) 96 78 64 50
www.facebook.com/viktoriagarten.potsdam
Mo–Fr 9–19, Sa 10–14 Uhr
Die Café-Buchhandlung ist wegen des großen Kinderbuchbereichs vor allem für Familien mit Kindern interessant. Im angeschlossenen Café wird mit Tagessuppen oder Florida-Eis für das kulinarische Wohl gesorgt. Regelmäßig werden Lesungen oder Konzerte veranstaltet.

Buchladen Sputnik ➡ E7/8
Charlottenstr. 28
Tram 91: Dortustraße
✆ (03 31) 581 36 79
https://buchladen-sputnik.de
Di–Fr 13–17/19 Uhr, vgl. Website
Links-alternativer Buchladen, in dem es natürlich eine Auswahl der wichtigsten Werke zu allen politischen Fragen gibt, die links eingestellte Menschen eben be-

Mitten im Zentrum: die Buchhandlung Internationales Buch

schäftigen. Darüber hinaus aber auch spannende Lesungen, Buchvorstellungen oder Diskussionsrunden zu aktuellen Bucherscheinungen oder politischen Fragen.

Internationales Buch ➡ D8
Brandenburger Str. 41/42
Tram 92, 96: Brandenburger Straße
✆ (03 31) 29 14 96 und 29 15 58
https://int-buch.buchhandlung.de
Mo–Fr 9.30–19.30, Sa 9.30–18 Uhr
Schwerpunkte der Reise- und Regionalbuchhandlung sind u. a. Sprachlehrbücher sowie Literatur über Potsdam und die Region.

P&B Press & Books ➡ F9
Friedrich-Engels-Str. 72, im Hbf.
Trams und Busse: Potsdam Hbf.
✆ (03 31) 20 02 79 00
www.bahnhofspassagen-pots dam.de/shops/pb
Mo–Fr 5.30–20, Sa/So 7–20 Uhr
Sehr gut sortierte Bahnhofsbuchhandlung mit großer Auswahl.

Wist – Der Literaturladen ➡ E7
Dortustr. 17, Eingang Brandenburger Str.
Tram 91: Dortustraße
✆ (03 31) 280 04 52
https://derliteraturladen.buchhandlung.de
Mo–Fr 10–19, Sa 10–18 Uhr
Der Schwerpunkt des Buchladens liegt auf Prosa und Lyrik, insbesondere auf zeitgenössischer Literatur. Jeden Montag um 19 Uhr lädt die Buchhandlung zu Autorenlesungen ein, dem sogenannten Blauen Salon. ■

Mit Kindern in der Stadt
Museen und Attraktionen, Theater, Shopping, Spielplätze, Umgebung

Für Spaß ist gesorgt: Je nach Alter kann bei gutem Wetter eine **Fahrradtour** durch Potsdam und in die Umgebung, eine **Dampferfahrt** auf der Havel oder der Besuch eines **Strand- oder Flussbades** (vgl. S. 192 f.) auf dem Programm stehen. Viel Gelegenheit, sich auszutoben, bietet der familienfreundliche **Volkspark** mit Kletterwänden, Riesenrutschen, Skateanlagen und einem Wasserspielplatz.

Das **Hans-Otto-Theater** (vgl. S. 168) macht in seiner benachbarten Spielstätte, der Reithalle, Kinder- und Jugendtheater. Mit dem »Theaterkoffer« des Hauses werden die kleinen Zuschauer zudem spielerisch an die eine oder andere Inszenierung herangeführt. Auch das **T-Werk** (vgl. S. 171) produziert Stücke für Kinder und Jugendliche.

Höhepunkte sind sicherlich der Besuch des Tropenhauses **Biosphäre** im Volkspark und des **Filmparks Babelsberg**. Wissenschaft zum Anfassen bietet das Mitmachmuseum **Extavium,** im **Museum Barberini** werden Kinder an die Welt der Kunst herangeführt (vgl. S. 98). Einen Eindruck von der Tierwelt Brandenburgs erhalten sie im **Naturkundemuseum.** Über aktuelle Veranstaltungen informiert das Portal: www.potskids-online.de.

Unterwegs im AbenteuerPark Potsdam

Museen und Attraktionen

AbenteuerPark Potsdam ➡ H9
Albert-Einstein-Str. 49, Tram 92, 96, 98, 99: Friedhöfe
✆ (03 31) 626 47 83, www.kletterpark.info
Wechselnde Öffnungszeiten (vgl. Website)
Eintritt € 24/21 (13–18 J.), unter 12 J. € 15–18
Unweit vom Hauptbahnhof stellt ein großer Kletterwald die Geschicklichkeit seiner Besucher auf die Probe. Bei zehn Parcours in bis zu 12 m Höhe mit 170 Kletterelementen dürfte es an Herausforderungen nicht fehlen.

Biosphäre Potsdam ➡ A7
Georg-Hermann-Allee 99, Tram 96: Volkspark
✆ (03 31) 55 07 40, www.biosphaere-potsdam.de

Mo–Fr 9–18, Sa/So 10–19 Uhr, letzter Einlass 1,5 Std. vorher, Eintritt € 11,50/9,80 (5–13 J.), Familienkarte ab € 22
Die 5500 m² große Naturerlebniswelt mit 20 000 tropischen Pflanzen und exotischen Tieren entführt am Volkspark in die Welt der Tropen. Neben dem Schmetterlingshaus mit wunderschönen Faltern gehört auch ein Wasserfall zu den Attraktionen. Außerdem geht hier stündlich ein Gewitter nieder. Sonderausstellungen und Führungen ergänzen das Angebot.

blu ➡ G8/9
Brauhausberg 1
Trams und Busse: Potsdam Hbf.
✆ (03 31) 661 98 51, www.swp-potsdam.de
Familienbad tägl. 10–22 Uhr
Eintritt Familienbad € 12/7
Das Sport- und Freizeitbad am Hauptbahnhof wurde nach jahrelanger Planung 2017 eröffnet. Ein Erlebnisbecken, eine Wellenrutsche und eine 114 m lange Riesenrutsche sorgen für viel Spaß. Das Sportbecken verfügt über zehn Bahnen, der Wellnessbereich über mehrere Saunen.

Dino Dschungel ➡ F6
Auf dem Kiewitt 3
Tram 91: Auf dem Kiewitt
✆ (03 31) 243 46 16
www.dinodschungel.de
Mo–Fr 13–19, Sa/So 10–14 und 15–19 Uhr
Eintritt Erwachsene € 3, Kinder € 3–6, Familienkarte € 16, Sa/So € 6/4–8/22
Der größte Indoor-Spielplatz Potsdams mit Kletterpfad, Rutschen, Hüpfburg und Bällebad ist an Wochenenden meistens überfüllt.

Extavium ➡ G16
Am Kanal 57
Tram 93, 94, 99: Burgstr./Klinikum
✆ (03 31) 60 12 79 59, www.extavium.de
Fr/Sa 10–18 Uhr
Eintritt € 7,50/4 (bis 4 J.), Familienkarte € 26
»Bitte alles anfassen«, lautet das Motto in diesem Mitmachmuseum im Stadtteil Babelsberg mit über hundert interaktiven Ausstellungsstücken. So lassen sich spiele-

Paradies für Leckermäuler: Katjes Werksverkauf in Babelsberg

risch Alltagsphänomene untersuchen und erforschen. Auch auf die Frage, was passiert, wenn man Schokoküsse unter eine Gasglocke stellt, gibt es eine Antwort.

9 Filmpark Babelsberg ➡ H16
Großbeerenstr. 200
Bus 601, 690: Filmpark
✆ (03 31) 72 127 50, (03 31) 721 23 45 (Tickets)
www.filmpark-babelsberg.de
April–Okt. meist tägl. 9/10–17/18 Uhr (vgl. Website)
Eintritt € 22/15 (4–16 J.), Familienkarte € 45 bzw. € 65
Auf dem Gelände der Medienstadt Babelsberg bietet der Themenpark mit 20 Attraktionen und vier verschiedenen Shows eine gelungene Mischung aus Entertainment, Action und authentischer Film- und Fernsehwelt. Neben allerlei Kulissen, darunter Original GZSZ-Außensets, lockt eine spektakuläre Stuntshow im Vulkan. Für Nervenkitzel sorgen außerdem das 4-D-Actionkino sowie das XD-Erlebniskino im Dome of Babelsberg. Wer genug Insider-Wissen inhaliert hat, kann sich im mittelalterlich dekorierten **Erlebnisrestaurant »Prinz Eisenherz«** stärken.

Katjes Werksverkauf und Gläserne Bonbonfabrik
➡ südl. H16
Wetzlarer Str. 96–106, Bus 601, 690: Katjes

Die deutsche Traumfabrik

Filmpark und Studio Babelsberg

Potsdam, Brandenburg

Unglaublich, aber wahr: Das älteste Filmstudio der Welt steht nicht in Hollywood, sondern vor den Toren Berlins: Bereits 1912 wurde in Potsdam-Babelsberg der erste Film gedreht und seitdem ist das Gelände ohne Unterbrechung in Benutzung. Seine erste Blütezeit erlebte das Studio in den 1920er Jahren, als UFA-Regisseure wie Friedrich Wilhelm Murnau oder Fritz Lang hier Klassiker wie »Nosferatu« und »Metropolis« drehten und mit Greta Garbo oder Marlene Dietrich spätere Weltstars vor der Kamera standen.

Auch heute werden im größten Filmstudio Europas wieder international erfolgreiche Produktionen realisiert, so z. B. »Inglourious Basterds«, »Grand Budapest Hotel« oder »Der Vorleser« mit Kate Winslet.

Direkt neben dem Studio liegt der Filmpark Babelsberg, der mit einer Vielzahl an Attraktionen aufwartet: Hier kann man in der Vulkanarena eine Stuntshow erleben, Filmtiere vor der Kamera beobachten, in 4-D- und Laser-Welten eintauchen oder durch mittelalterliche Kulissen bummeln.

Hautnah lässt sich miterleben, wie eine Fernsehsendung entsteht und wie Masken- oder Bühnenbildner arbeiten. Die Westernshow »Tierisch verdreht« ist eine muntere Persiflage auf den Wilden Westen. In der Dauerausstellung zum Thema Sandmännchen lässt man sich selbst per Kamera in die Kulisse des Fernsehklassikers zoomen. Ein Highlight ist die Führung zum Außenset von »Jim Knopf« oder zu einer Kulisse aus »Der Baader-Meinhof-Komplex«.

Studio und Filmpark sind Teil der Medienstadt Babelsberg, zu der auch die benachbarte Filmuniversität »Konrad Wolf« und das Deutsche Rundfunkarchiv gehören. Hier arbeiten Tausende Menschen an Film-, Fernseh- und Radioproduktionen.

Spannende Stuntshow im Filmpark Babelsberg.

Etwas weiter nördlich am Ufer des Griebnitzsees liegt die Villenkolonie Neubabelsberg. Sie entstand Ende des 19. Jahrhunderts, als es Großindustrielle, Bankiers und Künstler aus dem brodelnden Berlin an das idyllische Ufer zog. Mit dem Aufschwung der UFA-Studios folgten auch namhafte Regisseure und Schauspieler.

Info: Potsdam-Babelsberg ist der größte Stadtteil Potsdams. **Info Filmpark Babelsberg:** Großbeerenstr. 200, Potsdam, Tel. (0331) 721 27 50, www.filmpark-babelsberg.de, Öffnungszeiten April–Okt. meist tägl. 9/10–17/18 Uhr (einzelne Schließtage, vgl. Website), Eintritt € 22, Kinder € 15, bis 3 J. frei.

✆ (03 31) 70 42 40, www.katjes.de
Mo–Fr 10–18, Sa 10–16 Uhr, Sa keine Produktion
Eintritt frei
In Babelsberg schlägt das Herz der Fruchtgummi-Fans höher. Im Shop gibt's das gesamte Katjes-Sortiment: Katjes, Sallos, Granini, Ahoj Brause etc. zu Werkspreisen. Durch die großen Scheiben im ersten Stock kann man die Produktion »überwachen«.

Naturkundemuseum ➡ F7
Vgl. S. 102.

Planetarium der Urania ➡ D8
Gutenbergstr. 71/72
Tram 96, Bus 695: Brandenburger Straße bzw. Hebbelstraße
✆ (03 31) 270 27 21
www.urania-planetarium.de
Eintritt € 5,50/4, Öffnungszeiten sind je nach Veranstaltungen zu erfragen
In einem Innenhof des Holländischen Viertels versteckt sich das Planetarium. Neben Vorführungen zur Astronomie, Raumfahrt und den Geowissenschaften werden auch besinnliche Stunden mit Musik, Poesie oder Märchen angeboten.

Volkspark Potsdam ➡ A/B6/7
Georg-Hermann-Allee 101
Tram 96, Bus 639: Volkspark bzw. Am Pfingstberg
✆ (03 31) 620 67 77
www.volkspark-potsdam.de
Tägl. 5–23 Uhr
Eintritt März–Nov. € 1,50/0,50, Dez.–Feb. € 0,50
Der im Rahmen der Bundesgartenschau 2001 entstandene 73 ha große Volkspark bietet allerhand Möglichkeiten, sich auszutoben: Kletterspielplatz, Wasserspielplatz, Kletterwände, Trampoline, Riesenrutschen, Skateanlage, Fußball- und Basketballfelder ... Gärten, Café, Imbisswagen, Grillecke sorgen für Erholung. Zahlreiche Veranstaltungen im Jahr ziehen Besucher in Scharen an.

Die Riesenrutschen sind ein Highlight im Volkspark

Wildpark ➡ E–H1/2
Vgl. S. 191.

Früher Rathaus, heute Kulturhaus

Theater und Kreatives

Kulturhaus Babelsberg ➡ F12
Karl-Liebknecht-Str. 135
S 7: Babelsberg, Tram 94, 99: Rathaus Babelsberg
✆ (03 31) 704 92 62, www.kulturhausbabelsberg.de
Das Kulturhaus befindet sich im ehemaligen Rathaus Babelsberg und bietet verschiedendste Veranstaltungen, Projekte, Kurse und Workshops an. Regelmäßig finden hier Puppenaufführungen statt.

Puppenbühne Burattino ➡ G14
Rosenstr. 35, Bus 601, 619, 690: Eichenweg
✆ (03 31) 74 25 50, www.werkstatt-burattino.de
Der gelernte Puppenspieler Udo Weber, der mit seinem Koffertheater schon die ganze Welt bereist hat, gibt in seinem Minitheater in Babelsberg regelmäßig Vorstellungen für Kinder ab 3 Jahren. Vorstellungen meist Sa 15.30, So 10 und 15.30 Uhr.

Shopping

Kinderkram ➡ E7
Dortustr. 15, Trams und Busse: Dortustraße
✆ (03 31) 270 87 88, www.kinderkram-potsdam.de
Mo–Fr 10–19, Sa 10–16 Uhr
Hochwertiges Spielzeug und Bekleidung für die Kleinen: Vom Stofftier bis zum Brettspiel, vom Schmöker bis zur Slackline findet sich hier alles zum Spielen, Basteln, Toben – drinnen wie draußen. Kostüme für die nächste Faschingsparty sowie alltagstaugliche Secondhand-Kleidung sind ebenfalls im Angebot.

Spielplätze

In der Nähe des Bahnhofs erstreckt sich auf der **Freundschaftsinsel** ein toller Wasserspielplatz, wo Seefahrer und Piraten Kletterboote erobern können.

Ähnlich sieht es auf dem **Wasserspielplatz im Volkspark** aus: Neben einem kleineren Spielplatz mit Spielgeräten in Schiffsform breitet sich ein großes Wasserbecken mit Stegen und kleinen Holzflößen aus. Auf der anderen Seite des Volksparks können Kleine wie Große auf mehreren **Riesenrutschen** ihren Mut erproben.

In der Umgebung

Spargelhof Klaistow ➡ südl. aC1
Glindower Str. 28
14547 Beelitz GT Klaistow
Bus 643: Klaistow, Spargelhof
✆ (03 32 06) 610 70
www.spargelhof-klaistow.de
Anfang April–Dez. tägl. 9–18 Uhr
Auf dem Erlebnishof Klaistow können sich Kinder stundenlang beschäftigen, sei es auf dem weitläufigen Spielplatzgelände oder bei Kaninchen, Ziegen, Wildschweinen oder Rehen. Oder aber mit dem Ernten von Heidelbeeren. Im Kletterpark haben Kinder wie Erwachsene Spaß in Baumwipfelhöhe. Mehrere Restaurans bieten Speisen an und auf dem Hofmarkt können Besucher Spargel, Erdbeeren, Heidelbeeren und Kürbisse aus eigenem Anbau erwerben.

Schäferhof ➡ aC3
Schlüterstr. 8
14558 Nuthetal OT Bergholz-Rehbrücke
Bus 611: Bergholz
✆ (03 32 00) 558 91
http://schaeferhof.net
Der denkmalgschützte Vierseitenhof ist ein perfektes Beispiel für einen idyllischen Reiterhof. Hinter den restaurierten Backsteingebäuden erstrecken sich die Koppeln noch mehrere Hundert Meter. In den Schulferien werden Reiterferien für Kinder angeboten. ■

Kürbisfest auf dem Spargelhof

Erholung und Sport
Parks, Fahrrad fahren, Baden, Wassersport und Dampferfahrten, Sonstiges

Potsdam kann nicht nur mit seiner geballten Ladung an Baudenkmälern punkten, sondern auch mit einem sehr hohen Freizeitwert. In und um die Stadt locken ungewöhnlich viele Seen und Grünanlagen. Bei entsprechender Witterung kann man gleich mehrere Aktivitäten miteinander verbinden – Radfahren, Spazierengehen oder Wandern und zwischendurch ins Wasser springen. Im Übrigen laden die Seen auch zum Rudern, Paddeln oder Dampferfahren ein.

Parks

Freundschaftsinsel ➡ F9
Vgl. S. 125.

Neuer Garten ➡ A–C9/10
Vgl. S. 115 ff.

Park Babelsberg ➡ C–E11–13
Vgl. S. 135

Schlosspark Sanssouci ➡ C–F2–6
Vgl. S. 107 ff.

Volkspark Potsdam ➡ A/B6/7
Vgl. S. 187.

Mit dem Fahrrad Potsdam und vor allem das Umland entdecken

Wildpark ➡ E–H1/2
Am Wildpark 1, Bahn: Park Sanssouci
Der Wildpark ist ein Waldgebiet westlich des Neuen Palais. Er wurde im 19. Jh. als parkartige Anlage nach Plänen von Peter Joseph Lenné gestaltet. Der beste Zugang ist der Eingang beim Forsthaus Sanssouci Tor, in dem heute die Tierklinik Potsdam untergebracht ist.

Idylle am Griebnitzsee

Fahrrad fahren

Die Stadt lässt sich ideal mit dem Fahrrad erkunden und ist ein guter Standort für Ausflüge ins Havelland, etwa um den **Schwielowsee**, zum **Schloss Marquardt**, nach **Werder** oder entlang der Havel zur **Pfaueninsel.** Zweiräder sind unkompliziert an mehreren Stellen auszuleihen. Geführte Touren werden auch angeboten.

Nextbike
✆ (030) 69 20 50 46, www.nextbike.de
Die Mietfahrräder sind an mehreren Stationen rund um die Uhr verfügbar: registrieren, Fahrradkennzeichen angeben, mit zugeteiltem Code Schloss öffnen und losfahren.

Cityrad Rebhan ➡ F9
Am Hauptbahnhof, südl. Ausgang
Friedrich-Engels-Str. 7
✆ (03 31) 270 62 10, www.cityrad-rebhan.de
März–Nov. 9.30–19, Sa/So/Fei bis 20 Uhr
Markenfahrräder mit Zubehör wie Körben. Zudem Pannenservice und geführte Touren mit qualifizierten Guides.

Potsdam per Pedales
Hauptbahnhof, S-Bahnsteig ➡ F9
sowie S-Bahnhof Griebnitzsee ➡ F17
✆ (03 31) 748 00 57
www.potsdam-per-pedales.de
Hauptbahnhof April–Okt. Mo–Fr 7–19, Sa/So 9.30–19, sonst Mo–Fr 8–19, Sa 9.30–18 Uhr
Griebnitzsee Ostern–Okt. Mo–Fr 9–18.30, Sa/So 9–19, sonst Mo-Fr 9–18, Sa 10–14 Uhr
City- und Trekkingräder mit Zubehör und Kartenmaterial. Auch Stadtführungen per Fahrrad. Am Griebnitzsee ebenfalls Verleih von SUPs, Kajaks und Kanus.

Baden

Nur geduldete, nicht offizielle Badestellen lassen sich rund um den **Heiligen See** ➡ B10 finden, darunter auch eine für Nudisten.
Auch im **Park Babelsberg** gibt es einige inoffizielle, geduldete Badestellen, zum Beispiel neben dem Strandbad Babelsberg.

blu ➡ G8/9
Vgl. S. 184.

Citybeach Potsdam ➡ G5
Zeppelinstraße, Bus 631: Zeppelinstraße/Im Bogen
✆ (03 31) 981 50
www.citybeach.de/oase/strandbar-potsdam
April–Okt. Mo–Fr 14–22, Sa/So 12–22 Uhr, je nach Witterung
Beim Hotel am Havelufer kommt bei Lounge-Musik bestes Strandfeeling auf.

Strandbad Babelsberg ➡ D11
Park Babelsberg, Tram 94, 99: Humboldtring
✆ (03 31) 661 98 34
Ende April–Mitte Sept.
Eintritt € 5/3, Schüler € 2, Familienkarte € 9,80
Nahe Schloss Babelsberg kann man sich am Tiefen See wunderbar erfrischen. Bademeister passen auf, dass nichts passiert, ein Café bietet einfache Snacks an.

An der Havel im Park Babelsberg finden sich auch immer wieder inoffizielle Badestellen

Liegewiese am Matrosenhaus im Park Babelsberg

Seebad Caputh ➡ aB2
Weg zum Strandbad 1, Caputh
RB23: Caputh-Geltow Bhf.
✆ (03 32 09) 808 51
www.seebad-caputh.de
15. Mai–15. Sept tägl. 10–20 Uhr, sonst tel. erfragen
Eintritt € 6,50/3,50 (bis 12 J.)
Das Naturbad am Schwielowsee setzt mit Bar und Restaurant in südländischer Beachclub-Atmosphäre vor allem auf Erholungsuchende. Ein Spielplatz ist auch vorhanden.

Waldbad Templin ➡ aB2
Templiner Str. 11
Bus 607 oder Weisse Flotte: Forsthaus Templin
✆ (03 31) 661 98 37
Hauptsaison tägl. 9–20 Uhr
Eintritt € 3/1,50, Familienkarte € 6
Das von Wald gesäumte Naturbad am Templiner See begeistert Wasserratten mit Wasserrutsche, FKK-Bereich, Verleih von (Motor-)Booten und Surfbrettern, Beachvolleyballplatz, Bar, Biergarten und Minigolfanlage. Man kann in Mietbungalows übernachten.

Wassersport und Dampferfahrten

Bootsvermietung Moisl
Templiner See, Templiner Str. 102 ➡ aB2
Bus 607: Forsthaus Templin
✆ (03 32 09) 847 79 und
Freundschaftsinsel, Lange Brücke ➡ F8
Trams und Busse: Lange Brücke, Potsdam Hbf.
✆ (015 20) 168 88 83
www.wassersport-caputh.de
Von der Freundschaftsinsel in der City oder dem idyllischen Templiner See aus kann man mit Tret- oder Ruderbooten, Kanus oder SUPs in See stechen. Am Templiner See locken auch Motorboote und Wasserski.

Huckleberry-Tours ➡ D10
Schiffbauergasse 9, Tram 93, 94, 99: Schiffbauergasse
✆ (03 31) 96 00 10, (030) 20 67 49 02 (Hotline)
www.huckleberrys-tour.de
Für alle, die ein bisschen Abenteuerluft abseits der Zivilisation schnuppern möchten: nostalgisch angehauchte Flöße für bis zu acht Personen, die auch für mehrtägige Fahrten geeignet sind.

Magix Wakeboarding ➡ aB2
Templiner Str. 100
Bus 607: Kieskutenberg oder Forsthaus Templin
✆ (01 72) 795 70 73, www.magix-wakeboarding.de
Di–Fr 15–21, Sa/So 10–21 Uhr

Sich einfach treiben lassen, zum Beispiel auf einem Floß auf der Havel

Marina am Tiefen See

Auf dem Templiner See bietet Magix Wakeboarding Schnellkurse für Anfänger an. Gleiches gilt auch für Wasserski und Wakesurfen. Fortgeschrittene kommen ebenso auf ihre Kosten.

Marina am Tiefen See ➡ E10
Schiffbauergasse 8
Tram 93, 94, 99: Schiffbauergasse
✆ (03 31) 817 06 17, www.marina-am-tiefen-see.de
April–Okt. tägl. 9–19 Uhr
Die gute Lage der Marina am Tiefen See in der Nähe des Hans-Otto-Theaters spricht schon mal für sich. Dort werden sowohl führerscheinfreie als auch -pflichtige Boote sowie Kajaks und Boards fürs Stand-Up-Paddling vermietet.

Potsdam per Pedales
Vgl. S. 191 f.

Potsdamer Wassertaxi ➡ F8
Lange Brücke 6, Tram 92, 96: Lange Brücke
✆ (03 31) 275 92 10
www.potsdamer-wassertaxi.de
Ende März–Okt.

Potsdam kann man auch mit dem Kanu erkunden

Das Wassertaxi ist ein Linienverkehr per Schiff, der 13 verschiedene Stationen, z. B. am Park Babelsberg, am Park Glienicke oder am Neuen Garten, anfährt. Auch die Fahrradmitnahme ist möglich.

Preußen-Kanu ➡ H3
Zeppelinstr. 117 B
R1, Bus 631: Charlottenhof bzw. Luftschiffhafen
✆ (03 31) 951 23 86
www.preussen-kanu.de
Hier findet man die richtigen Boote für eine Kanutour, darunter auch Kanadier und Kajaks. Außerdem stehen Drachenboote zum Leihen bereit.

Schifffahrt in Potsdam ➡ F8
Lange Brücke 6
Tram 92, 96: Lange Brücke
✆ (03 31) 275 92 10
www.schifffahrt-in-potsdam.de
Insel-, Havelsee- und Schlösserrundfahrten hat die Weisse Flotte Potsdam im Programm, außerdem kulinarische und Tages-, Abend-, Adventsfahrten sowie Krimidinner. Besonders beliebt sind die an mehreren Terminen im Sommer stattfindenden Nächtlichen Schlösserimpressionen, bei denen die historischen Gebäude am Wasser festlich beleuchtet werden und das Ganze von Musik untermalt wird.

Söhnel Werft ➡ aA3
Neue Kreisstr. 50, Berlin
S 7: Griebnitzsee, Bus 118: Neue Kreisstr.
✆ (03 31) 80 58 87 47
www.soehnelwerft.com
Tägl. 10–18 Uhr, im Winter eingeschränkte Öffnungszeiten
Die Söhnel Werft am Treptowkanal vermietet in erster Linie größere Flöße für geschlossene Gesellschaften. Darüber hinaus werden auch Kanus und Kajaks an Einzelpersonen verliehen.

SUP TRIP ➡ G4
Kastanienallee 22 C
Tram 91: Kastanienallee/Zeppelinstr.
✆ (015 73) 238 73 46, www.sup-trip.de

In der Saison je nach Wetter Mo ab 18, Di, Fr ab 13, Mi/ Do ab 15, Sa/So ab 12 Uhr
Stand-Up-Paddling (SUP): Verleih und Kurse sowie geführte Touren.

Sonstiges

AbenteuerPark Potsdam ➡ H9
Vgl. S. 183.

Turbine Potsdam ➡ E12/13
Karl-Liebknecht-Stadion
Karl-Liebknecht-Str. 90
Bus 694: Spindelstr.
✆ (03 31) 951 38 41
www.turbine-potsdam.de
Frauenfußball hat in Potsdam Tradition. Mehrfache deutsche Meisterschaften sowie der Gewinn der Champions League sprechen eine deutliche Sprache. Die Heimspiele von Turbine Potsdam finden im Karl-Liebknecht-Stadion in Babelsberg statt.

MBS-Arena ➡ aB2
Olympischer Weg 2
Tram 91: Luftschiffhafen
✆ (03 31) 50 57 103, www.mbs-arena.de
Die MBS Arena befindet sich auf dem Gelände des Sportpark Luftschiffhafen und ist mit bis zu 2600 Zuschauerplätzen die größte Sporthalle Potsdams. Hier findet vor allem Volleyball und Handball statt. ■

Im Sommer herrscht reger Bootsverkehr auf den Brandenburger Seen rund um Potsdam

Daten zur Stadtgeschichte

Um 700 Nachdem das Gebiet um Potsdam wahrscheinlich schon in der Bronzezeit besiedelt war, errichten slawische Siedler eine Burg gegenüber der Mündung des Nutheflusses.

993 Am 3. Juli wird Potsdam zum ersten Mal urkundlich erwähnt – in der Schenkungsurkunde von König Otto III., der das damalige »Poztupimi« mitsamt der Burg der Äbtissin des Stifts Quedlinburg vermacht. Der Name der Stadt leitet sich womöglich von den slawischen Wörtern *pod* für bei und *dubimi* für Eiche ab, wobei der heutige sorbische Name *Podstupim* soviel wie Vorposten bedeutet.

1157 Markgraf Albrecht der Bär erobert die Stadt und macht sie zum südöstlichen Eckpfeiler seiner neu gegründeten Mark Brandenburg. Zu deren Schutz wird am Havelübergang eine steinerne Burg gebaut.

1317 Potsdam wird erstmals als Stadt erwähnt. Markgraf Ludwig von Bayern bestätigt den Potsdamer Ratsmännern die damit verbundenen Rechte.

1375 Die Stadt wird auch im Landbuch von Kaiser Karl IV. genannt und die landesherrliche Burg mit Turm zum Schloss ausgebaut. Die Bevölkerung – sie bleibt zunächst auf rund 1000 Einwohner beschränkt – lebt vor allem vom Fischfang, daneben gibt es auch Handwerker wie Bäcker, Fleischer, Schuhmacher oder Schneider. Da die Stadt keine große Bedeutung für die aus dem Hause der Wittelsbacher, später der Luxemburger und der Hohenzollern stammenden Markgrafen von Brandenburg hat, wird sie mehrmals verpfändet.

1536 Ein verheerender Brand verwüstet die Stadt.

1577 Durch den Ausbruch der Pest wird die Bevölkerung stark dezimiert.

1618–48 Während des Dreißigjährigen Kriegs wird Potsdam fast gänzlich zerstört, Hungersnöte und Seuchen lassen die Zahl der Einwohner weiter sinken.

Sonderbriefmarke zum 300. Jahrestag des Potsdamer Toleranzedikts (1985)

1653 Der Große Kurfürst Friedrich Wilhelm macht Potsdam zur zweiten Residenzstadt neben Berlin und verschafft der Stadt eine ganz neue Bedeutung. Im Zuge dessen werden das Stadtschloss ausgebaut und die Umgebung verschönert.

1685 Eine enorme Entwicklung der Stadt leitet das Edikt von Potsdam ein – durch das Toleranzedikt können vor allem die in Frankreich verfolgten protestantischen Hugenotten einwandern und der Stadt durch ihre Kenntnisse zu einem ungeahnten Aufschwung verhelfen.

1701 Mit der Krönung des Kurfürsten Friedrich III. zum König in Preußen wird Potsdam auch königliche Residenzstadt.

1713 Unter dem Soldatenkönig Friedrich Wilhelm I. wird Potsdam zur Garnisonsstadt ausgebaut. Dadurch erhöht sich nicht nur die Einwohnerzahl, für die neuen Anwohner muss die Stadt auch durch neue Wohnquartiere erweitert werden. Neben der Garnisonkirche, der Nikolai- und Heilig-Geist-Kirche entsteht das Militärwaisenhaus für die Kinder von Militärangehörigen.

1733/42 Zeitgleich mit der Entstehung der zweiten Neustadt entwirft der niederländische Architekt Jan Bouman im Auftrag des Soldatenkönigs das Holländische Viertel für die ebenfalls zugereiste Bevölkerungsgruppe.

1740 Friedrich II., genannt der Große, wird König und baut Potsdam weiter als Residenzstadt aus. Straßen, Häuser und Plätze werden verschönert und der Alte Markt neu gestaltet.

1745 Georg Wenzeslaus von Knobelsdorff entwirft im Auftrag von Friedrich dem Großen dessen Sommerresidenz Schloss Sanssouci im gleichnamigen Garten, die zwei Jahre später fertiggestellt wird.

1763 Mit dem Neuen Palais wird der letzte und zugleich größte Schlossbau Friedrichs des Großen in Angriff genommen, der 1869 fertiggestellt wird.

1806 Napoleon zieht am 24. Oktober mit seinen Truppen in Potsdam ein. Die Stadt leidet

Kurfürst Friedrich Wilhelm mit seiner ersten Ehefrau Luise Henriette von Nassau-Oranien (1647, Gemälde von Gerrit van Honthorst, Mauritshuis, The Hague)

König Friedrich I. (vor 1713, Gemälde von Antoine Pesne)

Potsdamer Stadtschloss um 1773

unter den Kriegskontributionen, zugleich löst die Besatzungszeit einige Reformen aus. Anschließend entwickelt Friedrich Wilhelm III. die Stadt zu einem Verwaltungssitz mit Regierungsbeamten.

1838 Nachdem 1832 bereits eine optische Telegrafenstation eingerichtet wurde, nimmt mit der Strecke Potsdam–Berlin die erste Eisenbahnlinie Preußens ihren Betrieb auf.

1848 Die bürgerlich-demokratische Revolution des Vormärzes ergreift Potsdam. Als das Volk für eine liberale Verfassung auf die Barrikaden geht, führt der Potsdamer Maximilian Dortu die radikalen Kräfte an. Nachdem König Friedrich Wilhelm IV. aus Berlin in das vermeintlich sicherere Potsdam übersiedelt, lässt er einen Aufstand von meuternden Soldaten durch Elitetruppen niederschlagen.

1850 Nachdem die Nikolaikirche im 18. Jahrhundert ausgebrannt war, wird am 24. März der von Karl Friedrich Schinkel entworfene Neubau eingeweiht.

1871 Der preußische König Wilhelm I. zieht am 17. März als deutscher Kaiser in die Residenzstadt ein.

1877 Auf dem Telegrafenberg wird das Astrophysikalische Observatorium errichtet.

1911 Mit der Filmstadt Babelsberg nimmt auf einem Gelände in Neubabelsberg das erste Großfilmstudio Europas seinen Betrieb auf. Bald werden hier Streifen wie Fritz Langs

»Metropolis« oder Josef von Sternbergs »Der blaue Engel« mit Marlene Dietrich gedreht.

1913 Im Neuen Garten erfolgt die Grundsteinlegung für das Schloss Cecilienhof für den letzten deutschen Kronprinzen Wilhelm und dessen Gemahlin Cecilie.

1914 Wilhelm II., der letzte deutsche Kaiser, unterzeichnet am 1. August im Neuen Palais die Kriegserklärung gegen die Entente-Mächte.

1918 Nach dem Ende des Ersten Weltkriegs endet mit der Novemberrevolution die Monarchie. Wilhelm II. flieht in die Niederlande und Potsdam verliert seinen Status als Residenzstadt.

1922 Der Einsteinturm, ein Werk des Architekten Erich Mendelsohn, wird gebaut, um Albert Einsteins Relativitätstheorie zu beweisen.

1933 Am 21. März 1933, dem sogenannten Tag von Potsdam reicht der greise Reichspräsident Paul von Hindenburg dem neuen Reichskanzler Adolf Hitler in der Garnisonkirche an den Gräbern der preußischen Könige die Hand, was als symbolische Geste für ein Bündnis zwischen alter Ordnung, preußischem Militarismus und Nationalsozialismus gilt.

1945 Am Ende des Zweiten Weltkriegs, am 14. April, wird das Stadtzentrum von Potsdam durch

Blick vom Brauhausberg über Potsdam mit Garnisonkirche, Stadtschloss und Nikolaikirche (v. l. n. r.), 1871

Die Regierungschefs der Siegermächte entscheiden über die Nachkriegsordnung Deutschlands: Josef Stalin, US-Präsident Harry S. Truman und Premierminister Winston Churchill während der Potsdamer Konferenz im August 1945

einen alliierten Bombenangriff schwer beschädigt. Besonders groß ist die Zerstörung rund um den Alten Markt, wo das Stadtschloss und die Garnisonkirche ausbrennen. Neuer Markt, Holländisches Viertel und andere Teile der Altstadt überstehen die Angriffe indessen weitgehend unbeschädigt. Nachdem die Stadt am 27. April von der Roten Armee eingenommen wird, findet vom 17. Juli bis 2. August im Schloss Cecilienhof die Potsdamer Konferenz statt, wo die Siegermächte, vertreten durch Truman, Churchill und Stalin, über die Nachkriegsordnung Deutschlands entscheiden. Infolge des sogenannten Potsdamer Abkommens wird das von den Siegermächten besetzte Deutschland in vier Zonen aufgeteilt.

1952 Mit der Gründung der DDR wird Potsdam zum Verwaltungssitz des neu gegründeten Bezirks Potsdam.

1990 Nach der deutschen Wiedervereinigung wird das Bundesland Brandenburg gegründet und Potsdam dessen Landeshauptstadt. In demselben Jahr nimmt die UNESCO weite Teile der Stadt von Sanssouci bis zur Kolonie Alexandrowka in die Liste der Welterbestätten auf. Die Restaurierung der Schlösser- und Gartenlandschaft beginnt.

1993 Die Stadt feiert ihr tausendjähriges Bestehen.

1997 An der Stelle der ehemaligen Heilig-Geist-Kirche, einer Barockkirche, die 1726 nach

Plänen von Pierre de Gayette errichtet wurde und deren Ruine nach der Zerstörung im Zweiten Weltkrieg 1960 und 1974 abgerissen wurde, wird ein architektonisch anspruchsvoller Neubau eröffnet, in dem seither ein Altenpflegeheim untergebracht ist. An die Konturen des ehemaligen Kirchturms erinnert eine Stahlkonstruktion auf dem Dach des Neubaus.

2001 Potsdam richtet die Bundesgartenschau aus, für die der Volkspark neu gestaltet wird. In der Yorckstraße hinter dem Neuen Markt wird ein Teilstück des in den 1960er Jahren zugeschütteten Stadtkanals wieder freigelegt und seither regelmäßig geflutet.

2006 Eröffnung des Theaterneubaus für das Hans-Otto-Theater. Der Architekt und Pritzker-Preisträger Gottfried Böhm entwarf dafür ein fünfgeschossiges Theatergebäude, deren schalenförmige, auskragende Dächer zum auffälligsten Merkmal des Gebäudes geworden sind. Ein denkmalgeschützter Gasometer wurde in den Baukörper integriert.

2011 Der Selbstmord des Schriftstellers Heinrich von Kleist am Kleinen Wannsee 1811 jährt sich zum 200. Mal. Der Grabstein, der dort an ihn erinnert, wird anlässlich des Jahrestages restauriert und neu gestaltet. Im Rahmen eines europaweit begangenen Kleistjahres huldigen auch zahlreiche Potsdamer Kulturinstitute dem Dichter, der sieben Jahre in Potsdam verbrachte, unter anderem zwischen 1798 und 1799 im damaligen Lyzeum, der heutigen Potsdamer Kleist-Schule.

2014 Der Brandenburger Landtag zieht in das nach friderizianischem Vorbild errichtete Stadtschloss am Alten Markt ein. Da die zum großen Teil sanierte Stadt immer attraktiver wird, steigt – im Gegensatz zu anderen brandenburgischen Städten – die Einwohnerzahl beständig.

2017 Im Januar wird die Eröffnung des Museums Barberini im rekonstruierten Palais Barberini gefeiert. Gleichzeitig wird der Museumsstifter

Havel mit Heilig-Geist-Turm und Bootsanlegestelle

und SAP-Gründer Hasso Plattner zum Ehrenbürger der Stadt ernannt.

2019 Im 30. Jahr des Mauerfalls wird auch das Land Brandenburg 30 Jahre alt, was mit einer zentralen Gedenkveranstaltung am 10. November gefeiert wird. Aus Anlass des Jubiläums präsentiert das Haus der Brandenburgisch-Preußischen Geschichte auch die Ausstellung »Mensch Brandenburg! 30 Jahre, 30 Orte, 30 Geschichten« und zieht eine nicht ganz unkritische Bilanz.

2020 Im 30. Jahr der Wiedervereinigung sind in Potsdam zahlreiche Ausstellungen zum Thema zu sehen. Zudem trägt Potsdam die zentrale Einheitsfeier der Bundesrepublik Deutschland aus – wegen der Corona-Pandemie in Form einer 30-tägigen Open-Air-Ausstellung, bei der sich die verschiedenen Bundesländer im Zentrum der Stadt präsentieren. Darüber hinaus wird mit der groß angelegten Ausstellung »Potsdamer Konferenz 1945 . Die Neuordnung der Welt« im Schloss Cecilienhof an das Kriegsende vor 75 Jahren erinnert.

2022 Im Frühjahr soll in einem ehemaligen Terrassenrestaurant am Brauhausberg das Museum Minsk der Hasso Plattner Stiftung entstehen. Es wird die Sammlung mit DDR-Kunst der Stiftung beherbergen. ■

Der Hafen an der Langen Brücke gegenüber dem Stadtschloss (Landtag) ist Ausgangspunkt für zahlreiche Schiffstouren

Streit um Potsdams Mitte

Eigentlich ist es ein Luxusproblem: Seit Jahren streitet man sich in Potsdam um die Gestaltung der Potsdamer Mitte, womit vor allem das Areal rund um die Nikolaikirche gemeint ist. Ein Großteil der Gebäude wurde 1945 bei einem britischen Luftangriff schwer beschädigt und später abgerissen. Im Jahr 1990 beschloss die Stadtverordnetenversammlung, sich dem »charakteristischen, historisch gewachsenen Stadtgrund- und aufriss« baulich wieder anzunähern. Seitdem hat sich Potsdams Zentrum gewaltig verändert. Während die Fläche rund um den Alten Markt in den 1990er Jahren zum Teil noch einer Brache glich, begegnet der Potsdam-Besucher heute Nachbauten des Stadtschlosses sowie des Palais Barberini und seiner Nebengebäude am Havelufer an der Alten Fahrt. Rundherum wächst das Quartier Alter Markt mit einem Mix aus Wohnungen, Geschäften und Gastronomie in die Höhe.

Dieser Verwandlung der Potsdamer Mitte ging allerdings ein erbitterter Streit voraus, der noch lange nicht abgeschlossen ist. Während sich einige in der Stadt für eine Stadterneuerung nach barockem Vorbild einsetzen – und dafür mitunter auch stattliche Summen spenden –, sind andere strikt dagegen. Vor allem stoßen sich viele daran, dass für die Neubauten Gebäude aus DDR-Zeiten wie die Fachhochschule weichen mussten oder noch sollen, von denen einige als Ikonen der Ost-Moderne gelten dürfen.

Besonders großes Konfliktpotenzial birgt der geplante Wiederaufbau der Garnisonkirche, ein aus mehrfachen Gründen umstrittenes Vorhaben. Für die Kirche soll das Rechenzentrum, ebenfalls ein Gebäude aus DDR-Zeiten, abgerissen werden. Immerhin konnte eine Gruppe von Künstlern den damaligen Oberbürgermeister Jann Jacobs davon überzeugen, dass sie das Gebäude bis 2023 zwischenmieten können. Wer heute dort vorbeiläuft, wird schnell erkennen, dass aus dem einstigen Verwaltungsbau ein lebendiger Kreativstandort mit Ausstellungen, Konzerten und anderen Aktionen geworden ist, wie er Potsdam bisher gefehlt hat. Er fehlte so sehr, dass sich die Stadt inzwischen verpflichtet hat, den Künstlern ein Ausweichquartier zu verschaffen. Dafür soll auf einem nahe gelegenen Grundstück ein Mischkomplex aus Wohnungen, Gastronomie und Ateliers entstehen. Doch inzwischen mehren sich auch die Stimmen, die für einen Erhalt des Rechenzentrums sprechen. Immerhin schmückt seine Fassade ein 70 Meter langes, denkmalgeschütztes Mosaik, das Fritz Eisel um 1971 unter dem Motto »Der Mensch bezwingt den Kosmos« gestaltete.

Inzwischen macht sich in Potsdam ein vorsichtiges Umdenken bemerkbar. Das Hochhaus mit dem Hotel Mercure schräg gegenüber vom Alten Markt, das eigentlich abgerissen werden sollte, durfte bereits stehen bleiben. Und das Museum mit DDR-Kunst der Hasso-Plattner-Stiftung zieht nun nicht in einen Neubau, sondern in das frühere Terrassenrestaurant Minsk auf dem Brauhausberg, einen typischen DDR-Bau aus den 1970er Jahren, nun »Museum Minsk«. Viele begrüßen das Vorhaben, Oberbürgermeister Mike Schubert bezeichnete es gar als »Glücksfall« für Potsdam. Ob sich nun die Wogen in Sachen Stadtentwicklung glätten?

Weitere Informationen auf der Website: www.potsdamermitte.de.

Anreise

Mit dem Flugzeug
Vom Flughafen »Willy Brandt« (BER) in Schönefeld bei Berlin ist Potsdam gut zu erreichen: Vom BER Terminal 1–2 fahren Regionalbahnen direkt nach Potsdam. Die Schnellbuslinie BER2 verbindet den Flughafen (Terminals 1, 2, 5) mit dem Potsdamer Hauptbahnhof.

Zentrale Flughafenauskunft
✆ (030) 60 91 60 91-0
https://ber.berlin-airport.de

Berlin WelcomeCard – Potsdam Edition

Mit der WelcomeCard können Besucher die öffentlichen Verkehrsmittel in Potsdam und Berlin nutzen und erhalten Rabatte bei Museen, Stadtrundgängen, Schiffsfahrten, Fahrradtouren und Theatern.

Sie kostet € 28 für 48 Stunden und € 38 für 72 Stunden. Für vier Tage werden € 45 fällig, bei fünf Tagen sind es € 49 und für sechs Tage € 52. Der Kauf ist bei den Tourist Informationen (vgl. S. 208) sowie in zahlreichen Hotels möglich.

Umrahmt von der Havel: der populäre Park auf der Freundschaftsinsel

Potsdam in Zahlen und Fakten

Alter: Nachdem Potsdam im Gebiet der 1157 gegründeten Mark Brandenburg lag, wurde es 1317 erstmalig als Burg urkundlich erwähnt. 1345 erhielt es das Stadtrecht.
Fläche: 187,27 km^2
Lage: 32 m über Normalhöhennull
Einwohner: 180 503 (Stand 31.12.2019)
Einwohnerdichte: 956 Einwohner/km^2
Klima: In Potsdam herrscht ein gemäßigtes Klima, das von Norden und Westen von atlantischem Klima und vom Osten her von kontinentalem Klima bestimmt wird. Extreme Wetterlagen sind selten, die Temperaturen entsprechen dem bundesdeutschen Durchschnitt, wobei die Niederschlagsmenge relativ gering ausfällt.
Bildung: Potsdam ist ein wichtiger Ausbildungs- und Forschungsstandort. Die Universität Potsdam, die Fachhochschule und die Filmuniversität Babelsberg Konrad Wolf zählen insgesamt um die 25 000 Studierende. Dazu kommen zahlreiche Forschungseinrichtungen und -institute.
Wirtschaft: Von den rund 180 000 Einwohnern waren Ende 2019 87 159 sozialversicherungspflichtig beschäftigt. Die Arbeitslosenquote lag Ende 2020 bei 5,3 %. Wichtigster Erwerbszweig ist der Dienstleistungssektor. Eine besonders große Rolle spielen Wissenschaft und Forschung, mit mehr als 5300 Wissenschaftlern sind in Potsdam überproportional viele Menschen in diesem Bereich tätig. Neben den Universitäten und Fachhochschulen arbeiten sie im Wissenschaftspark Albert Einstein mit Instituten wie dem Leibniz-Institut für Astrophysik oder dem Potsdam-Institut für Klimaforschung, außerdem im Hasso-Plattner-Institut für Software-Systemtechnik.
Tourismus: Mit ihrem übergroßen Angebot an Schlössern, Parks und Gärten sowie Seen ist Potsdam ein besonders attraktiver Besuchermagnet. Nachdem lange Zeit hauptsächlich Tagesbesucher einen Abstecher von Berlin aus machten, verweilen die Gäste inzwischen länger in der Stadt. Die Stadt verzeichnete 2019 564 259 Ankünfte. Die Übernachtungszahlen lagen bei 1,33 Millionen.
Partnerstädte: Bonn, Bobigny (Frankreich), Jyväskylä (Finnland), Luzern (Schweiz), Opole (Polen), Perugia (Italien), Sioux Falls (USA)

Mit der Bahn

Der Hauptbahnhof Potsdam ist Haltepunkt für Intercity- und Regionalzüge sowie der S-Bahnlinie 7 aus Richtung Berlin. Die Regionalstrecken fahren alle 30 bzw. 60, die S-Bahnen alle 10 Minuten. Von Potsdam aus sind es mit dem Regionalverkehr bzw. den S-Bahnen 25 bzw. 35 Minuten bis zum Berliner Hauptbahnhof. Weitere S-Bahn-Stationen in Potsdam sind die Bahnhöfe Babelsberg und Griebnitzsee.

Infos unter: www.bahn.de, www.bvg.de, www.vbb.de, www.s-bahn-berlin.de

Tulpenfest im Holländischen Viertel

Mit dem Auto
Potsdam befindet sich innerhalb des Berliner Autobahnrings A10, in den die A9 aus München/Nürnberg, die A2 aus Hannover, die A24 aus Hamburg/Rostock, die A11 aus Stettin sowie die A12 aus Frankfurt/Oder münden. Außerdem führt an der Stadt die A115 (Avus) vorbei, die den Berliner Ring mit dem innerstädtischen Schnellstraßensystem von Berlin verbindet.

Mit dem Boot
An der Havel gelegen ist Potsdam aus allen Richtungen auf dem Wasserweg erreichbar. Bei Kilometer 23 befindet sich am rechten Havelufer der Yachthafen Potsdam, wo man vor Anker gehen kann.

Weitere Informationen unter http://potsdamer-brandenburger-havelseen.de

Auskunft

Tourist Informationen
✆ (03 31) 27 55 88 99
www.potsdam-tourismus.de
www.reiseland-brandenburg.de
– Humboldtstr. 1/2 ➡ F8
14467 Potsdam
April–Okt. Mo–Fr 9.30–18, Sa/So 9.30–16, Nov.–März Mo–Fr 10–18, Sa/So/Fei 10–16 Uhr
– im Hauptbahnhof ➡ F9
April–Okt. Mo–Sa 9.30–20, So 10–14, Nov.–März Mo–Fr 9.30–18 Uhr

Service Center
✆ (03 31) 27 55 88 99
Informationen, Reservierung von Hotels und Tickets für Stadtführungen sowie Veranstaltungen, WelcomeCard und vieles mehr.

Besucherzentren der Stiftung Preußische Schlösser und Gärten Berlin-Brandenburg
– An der Historischen Windmühle
An der Orangerie 1 ➡ D5
✆ (03 31) 969 42 00, für Gruppen ✆ (03 31) 969 42 22
www.spsg.de
Tägl. außer Mo April–Okt. 9–17.30, Nov.–März 9–16.30 Uhr

– Am Neuen Palais ➡ E2
Tägl. außer Di April–Okt. 10–17.30, Nov.–März 10–16.30 Uhr
Besuchertipps zu Schlössern und Veranstaltungen, Kombitickets, Familien- und Tageskarten für die verschiedenen Schlösser in Potsdam und Umgebung sowie spezielle Angebote für Schulen und Kindergeburtstage und Führungen.

Feste, Veranstaltungen

Januar
Neujahrskonzerte – im Belvedere auf dem Pfingstberg sowie im Nikolaisaal
Unterwegs im Licht – Familienfest mit illuminierter Stadt und Laternenumzug (www.potsdam.de)

April
Tulpenfest – bunter Reigen von Musik, Handwerk und Kulinarik rund um die Blumenpracht im Holländischen Viertel
Osterfesttage Potsdam – umfangreiches Ausstellungs- und Konzertprogramm im Potsdam Museum, in der Nikolaikirche und im Nikolaisaal
Hafenfest – Familienfest im Potsdamer Hafen anlässlich der Flottenparade
Baumblütenfest in Werder – größtes Volksfest Ostdeutschlands
Sehsüchte – Internationales Studentenfilmfestival in den Thalia-Arthouse-Kinos

Mai
Lange Nacht der Freien Theater – mit Aufführungen an verschiedenen Orten
Potsdamer Tanztage – Internationales Festival für Tanz und Performance in der Fabrik Potsdam (www.fabrikpotsdam.de)
Tag der Wissenschaften – unter dem Motto »forschen, entdecken, mitmachen« präsentieren sich die Potsdamer Hochschulen und Forschungseinrichtungen

Sommer
Nächtliche Schlösserimpressionen – mehrere Termine im Sommer (vgl. S. 112)

Auftakt zu den Potsdamer Tanztagen: Caroline Laurin-Beaucages Stück »Habiter sa mémoire« auf dem Alten Markt

Akrobatische Kunststücke bei der Potsdamer Erlebnisnacht

Sommertheater auf dem Pfingstberg – freie und andere Theatergruppen spielen rund um das Belvedere (www.pfingstberg.de/sommertheater.html)

Juni
Schlösserlauf – Halbmarathon und 10-km-Strecke entlang des Tiefen Sees und des Jungfernsees (www.potsdamer-schloesserlauf.de)
Musikfestspiele Potsdam – mit Konzerten in den Gärten und Schlössern Sanssoucis (www.musikfestspiele-potsdam.de)
Böhmisches Weberfest – historisches Fest mit Handwerkermarkt rund um den Weberplatz
Fête de la Musique – Livemusik an verschiedenen Orten am 21. Juni (vgl. S. 172)
UNESCO-Welterbetag – Veranstaltungen an unterschiedlichen Orten am erster So im Juni (vgl. S. 172)

Juli
Stadtwerkefest – Open-Air-Veranstaltung am Neuen Lustgarten mit verschiedenen Konzerten, So ist Familientag
Fiesta del Puerto – Karibisches Hafenfest am Hafen, Lange Brücke
Stadt für eine Nacht – 24-Stunden-Fest in der Schiffbauergasse (vgl. S. 168)
Potsdamer Feuerwerksinfonie – an zwei Abenden spektakuläre Feuerwerke auf drei Bühnen (www.feuerwerksinfonie.de)
Potsdamer Erlebnisnacht – Kochshows, Rundgänge, Tanz und Theater in der Potdamer Innenstadt (www.potsdamer-erlebnisnacht.de)

August
Lange Filmparknacht – im Filmpark Babelsberg mit großem Showprogramm
Potsdamer Schlössernacht – mit Musik, Performance-Darbietungen und festlicher Beleuchtung im Park Sanssouci (www.potsdamer-schloessernacht.de)
Lampion-Nacht – Lichterfest mit Sommercamp im Volkspark (www.volkspark-potsdam.de)
Sommerfilmtage – das Filmmuseum bringt die Freundschaftsinsel zum Flimmern (www.filmmuseum.potsdam.de)

September
Potsdamer Töpfermarkt – im Holländischen Viertel (www.toepfermarkt-potsdam.de)
Tag des Offenen Denkmals
Internationales Drachenfest – im Volkspark (www.volkspark-potsdam.de)
UNIDRAM – Internationales Theaterfestival im T-Werk in der Schiffbauergasse (www.unidram.de)

Oktober
Internationaler Museumstag
Apfelfest – im Volkspark, mit Mittelaltermarkt

November
Potsdamer Winteroper – Opernaufführungen im Schlosstheater bzw. der Friedenskirche (www.kammerakademie-potsdam.de)

Dezember
Blauer Lichterglanz – Weihnachtsmarkt in der Brandenburger Straße und am Luisenplatz
Böhmischer Weihnachtsmarkt – an drei Tagen auf dem Weberplatz
Romantisches Weihnachtsdorf – am Krongut Bornstedt
Sternenmarkt – polnischer Weihnachtsmarkt im Kutschstallhof und im Haus der Brandenburgisch-Preußischen Geschichte
Silvesterkonzerte – in Nikolaisaal und Nikolaikirche
Silvesterpartys – mit Tanzmusik am Hafen, Lange Brücke und auf dem Luisenplatz.

»Blauer Lichterglanz«: Weihnachtsmarkt in der Brandenburger Straße

Hinweise für Menschen mit Handicap

Viele Potsdamer Hotels, Restaurants und Veranstaltungsangebote sind barrierefrei. Alle Busse sind mit Rampen ausgerüstet, die eine Mitnahme von Rollstühlen ermöglichen. Auch die Straßenbahnen vom Typ Combino und Vario sind behindertengerechte Niederflurbahnen. Die Tram-Haltestellen der ViP (Verkehrsbetriebe Potsdam) sind zu 90 Prozent behindertenfreundlich ausgebaut.

Der Potsdam Tourismus Service bietet **Stadt- und Parkrundgänge** für Gäste mit Mobilitätseinschränkungen sowie für Blinde und Sehbehinderte an. Er verfügt darüber hinaus über spezielle **Stadtpläne** zum Thema »Potsdam barrierefrei« mit Tourenvorschlägen für die Potsdamer Innenstadt, den Park Sanssouci, Babelsberg, den Neuen Garten und den Volkspark Potsdam.

Weitere Informationen dazu sind bei den Tourist Informationen, über das Callcenter ✆ (0331) 27558899 sowie im Internet erhältlich unter:
www.potsdam.de
www.barrierefrei-brandenburg.de.

Internet

www.potsdam.de
Die offizielle Seite der Stadt enthält Informationen zu Kultur, Wirtschaft, Wissenschaft und Bildung, Sport sowie Informationen zu Sehenswürdigkeiten und touristischen Angeboten.

www.potsdamtourismus.de
Die Website des Tourismus Service Potsdam informiert über Sehenswürdigkeiten, Stadtführungen, Veranstaltungen, Hotels, Essen und Trinken und viele andere touristische Angebote.

www.hotels-potsdam.de
Webseite der Hotelbetriebe mit einem Verzeichnis der Unterkünfte einschließlich Pensionen und Ferienwohnungen sowie Buchungsportal.

www.stadtmagazin-events.de
Auf der Webseite des Potsdamer Stadtmagazins erfährt der Leser alles über die aktuellen Konzerte, Theateraufführungen, Ausstellungen, Messen, Partys, Kurse und vieles mehr.

www.mobil-potsdam.de
Alles rund um den Verkehr in und um Potsdam mit aktuellen Verkehrsmeldungen und Fahrplänen.
https://potsdamer-blog.de
Das Blog von Potsdamern für Potsdamer enthält auch für andere Interessierte nützliche Informationen und Nachrichten über Persönlichkeiten, Veranstaltungen und das Geschehen in der Stadt.
www.rbb-online.de
Die Website des Rundfunks Berlin-Brandenburg enthält aktuelle Informationen sowie Auskünfte über Rundfunk und Fernsehen in der Region.
www.reiseland-brandenburg.de
Die Website der Tourismus Marketing Brandenburg GmbH informiert über die Region und ihre touristischen Angebote wie Radtouren, Wanderwege, Hotels, Restaurants, Veranstaltungen und besondere Angebote für Familien.
www.schifffahrt-in-potsdam.de
Alle Informationen rund ums Wasser mit Fahrplänen der Weissen Flotte, des Potsdamer Wassertaxis und zu Charterfahrten, Hafenfesten usw.
www.spsg.de
Die Webseite der Stiftung Preußische Schlösser und Gärten Berlin-Brandenburg enthält alle wichtigen Informationen zu den Potsdamer Schlössern und Gärten sowie zu speziellen Veranstaltungen und Persönlichkeiten der preußischen Geschichte.

Das Theaterfestival UNIDRAM zeigt Inszenierungen, die sich irgendwo zwischen Schauspiel, Figurentheater, Tanz, Musik, Bildender Kunst und Performance bewegen

Vor allem in der Innenstadt rund um die Brandenburger Straße gibt es öffentliches WLAN. 30 Minuten am Tag sind für jeden kostenfrei.

Notfälle, wichtige Rufnummern

Vorwahl für Potsdam ✆ 03 31
Polizei ✆ 110
Feuerwehr/Notarzt ✆ 112
ADAC (Pannenhilfe) ✆ 01802-22 22 22
Ärztlicher Bereitschaftsdienst ✆ 11 61 17
Privatärztlicher Notdienst ✆ 01805-30 45 05
Krankentransport ✆ 192 22
Opfernotruf Weißer Ring ✆ 11 60 06
ViP Verkehrsbetrieb Potsdam ✆ (03 31) 661 40
Deutsche Bahn ✆ (03 31) 235 75 20
Zentrales Fundbüro ✆ (03 31) 289 15 87

Presse

Neben den Potsdamer Tageszeitungen »Märkische Allgemeine«, »Potsdamer Neueste Nachrichten« und »Potsdam am Sonntag« sind auch Berliner Tageszeitungen erhältlich, die Informationen über Potsdam enthalten.

Außerdem liegen in Geschäften und Lokalen die Gratiszeitschriften und Magazine »friedrich«, »In Potsdam«, »Events – das Potsdamer Stadtmagazin« und das Familienmagazin »Potskids« mit einem Veranstaltungskalender aus.

Sightseeing, Touren

Stadtrundgänge:

Potsdam Tourismus (vgl. S. 208) organisiert zahlreiche Rundgänge. Infos unter ✆ (03 31) 27 55 88 99 und www.potsdam-tourismus.de. Hier eine Auswahl:

Stadtspaziergang durch Potsdam
Start: Tourist Information, Humboldtstr. 1/2
Jan.–März und Nov. Sa/So 11 Uhr, sonst tägl. 11 Uhr, April–Okt. zusätzlich jeden 2. und 4. Sa im Monat um 11 Uhr

Führungen auch auf Englisch, Dauer: 2 Std.
Ticket € 12/10
Klassischer Altstadtrundgang durch die historische Mitte und das Holländische Viertel.

Potsdamer Hinterhöfe
Start: Tourist Information, Am Luisenplatz 3
April–Okt. Fr 16 Uhr, Ticket € 12/10
Unterhaltsamer Rundgang zu versteckten Orten in der Potsdamer Altstadt.

Versteckte Paradiese im Park Sanssouci
Start: Allee nach Sanssouci/Grünes Gitter
Mai–Okt. Sa 11 Uhr, manchmal zusätzliche Termine
Dauer: 2 Std., Ticket € 12/10
Parkspaziergang mit vielen Anekdoten rund um den Park Sanssouci und das einstige Treiben bei Hofe. Dabei werden die etwas versteckten Oasen des Parks gezeigt, so der Marlygarten an der Friedenskirche und der Sizilianische Garten mit seinen südländischen Gewächsen und antiken Skulpturen.

Granatapfel-Spaziergang und Stadt-Genuss
Start: Tourist Information, Humboldtstr. 1/2
Unterschiedliche Termine, meist Sa 15 Uhr
Ticket € 19/17

Der neu entstandene Otto-Braun-Platz liegt am Kopf der Langen Brücke

Mit Anekdoten angereicherter Stadtspaziergang auf den Spuren des Granatapfels durch Potsdams Mitte – vom Museum Barberini bis zum Holländischen Viertel. Dazu gibt es Köstlichkeiten, die die Besonderheit der exotischen Frucht nachempfinden lassen und die Stadtführung versüßen.

Kunst am Fluss
Start: Tourist Information, Humboldtstr. 1/2
Feb.–Sept. und Nov./Dez. 1. Sa im Monat 14 Uhr, Okt. 2. Sa im Monat 14 Uhr
Dauer: 2, 5 Std.
Ticket € 15/13, inkl. Tagesticket Potsdam AB und Eintritt museum FLUXUS+
Streifzug entlang des Skulpturenpfads »Walk of Modern Art«, verschiedener Potsdamer Museen und durch Potsdamer Galerien.

Babelsberg – Filmstars, Villen, Weltgeschichte
Start: S-Bhf. Griebnitzsee, Wasserseite
Mai–Okt. 1. und 3. So im Monat 11 Uhr
Dauer: 2,5 Std., Ticket € 12/10
Rundgang durch das Viertel am Griebnitzsee.

Berliner Mauer
Start: Glienicker Brücke
Mai–Okt. 2. Sa im Monat 11 Uhr
Dauer: 2,5 Std., Ticket € 12/10
Eine Zeitreise in die deutsche Vergangenheit, gespickt mit bewegenden Geschichten von Schicksalen, Grenzgängern und Agenten rund um die deutsch-deutsche Teilung. Von der Glienicker Brücke geht es entlang des ehemaligen Grenzverlaufs durch den Neuen Garten bis zur einstigen Grenzübergangsstelle Nedlitz und weiter zum Schloss Cecilienhof.

Stadtführungen per App

Wer lieber im eigenen Tempo unterwegs ist, kann unkompliziert und kostenfrei mit dem Smartphone, dem iPad oder iPod einen elektronischen Stadtrundgang unternehmen. Die App »Potsdam Stadtführungen« (im App Store und bei Google Play vorhanden) bietet drei Touren zur Auswahl: »Mit Friedrich durch Potsdam«, »Sehenswürdigkeiten in Potsdam« sowie »Park und Schloss Sanssouci«. Wegen der großen Datenmenge möglichst vorher per WLAN herunterladen.

Beliebt: die Potsdam City Tour

Stadtrundfahrten:

Potsdam City Tour (Hop on hop off)
Verschiedene Abfahrtsstellen, u. a. Hbf., Luisenplatz, Alexandrowka
✆ (03 31) 97 43 76
www.potsdam-city-tour.de
Ticket € 17/15, 6–14 J. € 6
Rundfahrt mit Live-Guide und neun Haltepunkten, an denen man den ganzen Tag zu- und aussteigen kann.

Kaiser Tour
Ab Hbf.
✆ (015 90) 401 11 91, www.kaiser-tour.de
Tägl. 12, Sa/So/Fei auch 13 Uhr
Dauer: 2–3 Std., Preise auf Anfrage
In nostalgischen Bussen durch das historische Potsdam, mit drei geführten Spaziergängen.

Potsdam vom Wasser aus:

Wassersport in Potsdam
Ab Glienicker Brücke und Campingplatz Sanssouci
✆ (03 31) 270 42 80, www.wassersport-in-potsdam.de
April–Okt. tägl. 4-stündige Kanutouren
Preise auf Anfrage
Mini-, Halbtages- und Tagestouren im Kanu ab 2 Personen.

Potsdam per Pedales
Touren per SUP oder Kajak. Vgl. S. 191 f.

Weitere Infos zu Touren auf dem Wasser vgl. Wassersport ab S. 194.

Potsdam von oben:

Wingly
Ab Flugplatz Saarmund ➡ aC3
✆ (033 28) 351 53 01, www.wingly.io
Termine auf Anfrage, Flug über Potsdam und seine Schlösser ab € 68
Rundflug über Potsdam, Berlin ist auch im Angebot.

Verkehrsmittel

Potsdam lässt sich zu weiten Teilen gut zu Fuß erkunden. Orientierung für Fußgänger bietet ein Leitsystem, das sie auf den kürzesten Wegen zu den jeweiligen Sehenswürdigkeiten weist.

Aber die Stadt verfügt auch über ein gut ausgebautes Verkehrsnetz mit Bussen, Straßenbahnen, Schiffen und Wassertaxen. Verkehrsknotenpunkt ist der **Hauptbahnhof**, von dem aus die Busse und Trams in die Innenstadt und fernere Stadtbezirke fahren. Außerdem kann man mit Regionalzügen bzw. der S-Bahn zu den Bahnhöfen Charlottenhof, Pirschheide, Griebnitzsee oder Babelsberg gelangen.

Gleich gegenüber vom Bahnhof, an der Langen Brücke, befindet sich auch der **Hafen von Potsdam**. Hier starten neben den Ausflugsdampfern die Schiffe vom Potsdamer Wassertaxi.

Potsdam mit dem Mietfahrrad entdecken

Potsdamer Wassertaxi vor der Pfaueninsel: Die gelben Linienboote steuern viele Sehenswürdigkeiten an

Umfangreiche Infos zum **Verkehr in Potsdam** unter: ✆ (03 31) 661 42 75 (Hotline der ViP, Verkehrsbetriebe in Potsdam), www.swp-potsdam.de, www.mobil-potsdam.de.

Über weiter entfernte **Strecken ins Umland** informieren:
✆ 01804-28 35 28, www.havelbus.de
✆ (030) 25 41 41 41, www.vbb.de

Mit Bussen und Straßenbahnen

Busse und Straßenbahnen verkehren zwischen 4 und 1 Uhr. Danach beginnt der Nachtverkehr der Busse.

Es gibt drei **Tarifzonen** (A, B, C), wobei die meisten Touristen sich auf den Innenstadtbereich (AB) beschränken. Das **Ticket** für eine Fahrt (1 Std. gültig) kostet € 2,30 bzw. € 1,60 (6–14 J.), die 4-Fahrten-Karte € 7,80/5,80, die Kurzstrecke (vier Haltestellen) € 1,60/1,20, das Fahrradticket € 1,90.

Die **Tageskarte** für € 4,70/3,40 (AB), € 4,40/3,40 (BC) oder € 6,30/4,70 (ABC) lohnt sich ab drei Fahrten. Mit der **Kleingruppenkarte** zum Preis von € 11,50 (AB oder BC) bzw. € 16,10 (ABC) können bis zu fünf Personen einen Tag lang innerhalb des jeweiligen Tarifgebiets beliebig oft fahren. **7-Tages-Karten** kosten € 14,40 (AB), € 14,10 (BC), € 21,60 (ABC).

Die **Berlin WelcomeCard – Potsdam Edition** (vgl. S. 206) gewährt freie Fahrt mit den öffentlichen Verkehrsmitteln.

Mit dem Auto

Das Auto ist kein ideales Verkehrsmittel, da es in Potsdam je nach Tageszeit häufig zu Staus in der Innenstadt kommt. Außerdem erschweren viele Einbahnstraßen und eine teils komplizierte Verkehrsführung das Fahren. Zudem sind die Parkmöglichkeiten beschränkt, Falschparker werden schnell zur Kasse gebeten.

Für Besucher, die mit dem Pkw anreisen, gibt es ein **Park-and-Ride-System** mit Parkplätzen bzw. -häusern am Bahnhof Pirschheide, BUGA-Park, Nutheplatz, Bahnhof Griebnitzsee, Johannes-Kepler-Platz sowie Rehbrücke. Von hier aus gelangt man bequem mit öffentlichen Verkehrsmitteln ins Stadtzentrum.

Neben den üblichen Anbietern von **Leihwagen** wie Avis (www.avis.de), Europcar (www.europcar.de), Hertz (www.hertz.de) und Sixt (www.sixt.de) gibt es auch den lokalen Anbieter HHT-Cars (www.autovermietung-potsdam.de).

Mit dem Potsdamer Wassertaxi

Eine gute Möglichkeit, sich in der Stadt fortzubewegen, ist das Potsdamer Wassertaxi, ein Linienverkehr per Schiff mit festem Fahrplan. Von den 13 Stationen des Liniennetzes lassen sich zwischen Ende März und Ende Oktober viele Sehenswürdigkeiten bequem erreichen (vgl. S. 195 f.).

Mit dem Taxi

Taxis sind am Hauptbahnhof sowie an vielen zentralen Orten der Innenstadt (Luisenplatz, Bassinplatz) zu finden: ✆ (03 31) 29 29 29, www.taxi-potsdam.de.

Mit dem Fahrrad

Eine gute Alternative zu den oben genannten Verkehrsmitteln ist das Fahrrad, mit dem sich das Stadtgebiet bei entsprechender Witterung ideal erkunden lässt. Dazu trägt auch ein spezielles Fahrradleitsystem bei, das einen auf die besten Strecken weist. Verleihstellen (vgl. S. 191) gibt es sowohl am oder im Hauptbahnhof wie an mehreren Punkten der Stadt, teils auch mit Reparaturservice.

Zu beachten ist allerdings, dass das Radfahren im Park Sanssouci, im Neuen Garten und im Park Babelsberg nur auf wenigen ausgezeichneten Wegen und dies auch nur in Schrittgeschwindigkeit erlaubt ist. Welche Wege dies sind, ist aus den Übersichtstafeln an den Parkeingängen zu erfahren. Bei Zuwiderhandlungen werden mitunter empfindliche Geldbußen fällig. ■

In der Nauener Vorstadt dominieren repräsentative Villen wie die Villa Henckel auf dem Pfingstberg

Die **fetten** Seitenzahlen verweisen auf ausführliche Erwähnungen, *kursiv* gesetzte Begriffe bzw. Seitenzahlen beziehen sich auf den Service.

Hanne Bahra: S. 104
Braumanufaktur/Forsthaus Templin, Potsdam: S. 145
Confiserie Felicitas/Katharina Behling: S. 174 o.
Filmmuseum Potsdam: S. 90
Filmpark Babelsberg GmbH, Potsdam: S. 186
Flickr (CC BY-SA 2.0)/János Balázs: S. 48
Fotolia/B.W. Schneider: S. 51; LianeM: S. 211; Philipus: S. 135; Sean Pavone: S. 67
FRAU PAUL Blusen/Dirk Sadrinna, Potsdam: S. 176
Fromme & Blum, Berlin/München: S. 163
Bettina Hamann, Potsdam: S. 18, 96, 103, 151, 154, 158, 164, 165, 170 u., 174 u., 177, 182
Andrea Herfurth-Schindler, Köln: S. 3 o. Mitte, 92, 93, 138, 141, 146, 148, 156, 194, 206, 218
Bernd Hiepe, Berlin: S. 106
iStockphoto/Adventure Picture: S. 8; Christina Hanck: S. 41; dekadi: S. 131; Fotomax: S. 15 u.; holgs: S. 60 o.; justhavealook: S. 45; Nikada: S. 134; Querbeet: S. 4 u., 197; Senorcampesino: S. 124 o.; Tele Makro Fotografie (Ina Hensel): S. 57; typo-graphics: S. 15 o., 19, 20, 123, 129, 130, 139; Vladislav Zolotov: S. 17
Eszter Kalmár, Potsdam: S. 183, 187, 189
L'Osteria, Potsdam: S. 152
Marché Mövenpick Deutschland GmbH, Potsdam: S. 149
MARO-Effekt.de/Swen und Mandy Rohm: S. 78, 79, 81, 84 o., 85
Jörn Mensching, Potsdam: S. 86 u., 111 u., 120, 121 o., 191
Museum Barberini, Potsdam/Steffen Lehmann: S. 99; Helge Mundt: S. 10 o. l., 98, 100, 101
Museum Fluxus, Potsdam: S. 102
Nikolaisaal/Stefan Gloede: S. 170 o.
Ölmühle an der Havel, Potsdam: S. 175
P3 Projekt/HOCOO, Potsdam: S. 210
Sandra Penno-Vesper, Potsdam: 39 u., 53 u., 60 u., 72, 73, 74, 82, 84 u., 95, 142, 143, 147 o., 155, 157, 159 o., 159 u., 160, 162, 166, 167, 168, 172, 173, 178, 179, 180, 185, 188, 192
Potsdam Marketing und Service GmbH/Imme Friedrich: S. 54, 58/59, 83; Sophie Jäger: S. 147 u.; Steven Ritzer: S. 195; SPSG/Artem Heissig: S. 37; SPSG/ André Stiebitz: S. 2 o. l., 4 o. l., 26 o., 31, 34, 36, 39 o., 76, 77, 108, 111 o., 112, 114, 117, 118, 121 u.; André Stiebitz: S. 1, 3 o. l., 4 o. Mitte, 4 o. r., 44, 52, 53 o., 61, 87, 88, 89, 97, 119, 125, 140, 150, 153, 190, 196, 203, 208, 217
Potsdamer Tanztage, fabrik Potsdam/Sandra Morgenstern: S. 209
Potsdamfotograf, Potsdam: S. 161
Andreas Schulz, Köln: S. 11
Shutterstock/Andrzej Rostek: S. 21; Anton Ivanov: S. 3 o. r., 40, 42; ArTono: S. 124 u.; Christian Draghici: S. 65; DK-ART: S. 38; ebenart: S. 69; Electric Egg: S. 30; Elena Krivorotova: S. 136, 137; fotandy: S. 116; Grischa Georgiew: S. 71; inavanhateren: S. 32 u.; Jaz Online: S. 86 o.; La Mia Fotografia: S. 2 o. r., 66, 128, 133; laranik: S. 43; Mario Hagen: S. 75; Mistervlad: S. 6; Pani Garmyder: S. 56, 64; penofoto: S. 127; piliarbelaez: S. 122; Romanova Elizaveta: S. 70; Sahara Frost: S. 80; Sanga Park: S. 27; Uta Scholl: S. 68 u.; Seqoya: S. 10 u. l.; travelview: S. 220; Vladislav Gajic: S. 35 u.; Werner Spremberg: S. 2 o. Mitte, 46, 59 o., 105; Wirestock Creators: S. 16
Stiftung Gedenkstätte Lindenstraße/Günter Schneider: S. 91
Stiftung Preußische Schlösser und Gärten Berlin-Brandenburg (SPSG)/Hans Bach: 23, 24/25, 28, 32/33, 62, 113, 115, 126; Roland Handrick: S. 35 o.; Gerhard Murza: 107, 109, 200; Wolfgang Pfauder: S. 63, 110; Leo Seidel: S. 29
Studio Babelsberg: S. 49
TMB Fotoarchiv/Steffen Lehmann: S. 215
UNIDRAM/Göran Gnaudschun: S. 213
Vista Point Verlag (Archiv), Rheinbreitbach: S. 14, 22, 26 u., 198, 199 o., 199 u., 201, 202
Waschhaus Potsdam/Markus Bertuzzo: S. 171
Weisse Flotte Potsdam GmbH: S. 219
Ulrike Wiebrecht, Berlin: S. 58 o., 144
Wikipedia (CC BY-SA 2.5)/Inge Kanakaris-Wirtl: S. 169; (CC BY-SA 3.0): S. 94 o.; Manfred Brückels: S. 132; Bruhaha: S. 10 r.; Havelbaude: S. 50; Stephan M. Höhne: S. 55; Gawin Stewart: S. 94 u.; Udo Unkelbach: S. 193; Times: S. 47; Zyance: S. 68 o.

Titelbild: Schloss Sanssouci (Foto: PMSG/SPSG/André Stiebitz)
Umschlagrückseite: Originalobjekte aus der Russischen Kolonie im Gartencafé des Museums Alexandrowka (links/s. S. 95), Im Garten auf der Freundschaftsinsel (Mitte/s. S. 125), Potsdam kann man auch mit dem Kanu erkunden (rechts/s. S. 196)
Schmutztitel (S. 1): Potsdamer Schlössernacht
Seite 2/3 (v. l. n. r.): Schloss Sanssouci, Schloss Babelsberg, Glienicker Brücke, Floß auf der Havel, Café Heider, Russische Kolonie Alexandrowka
Seite 4 (v. l. n. r.): Belvedere auf dem Pfingstberg, auf der Freundschaftsinsel, Potsdam mit dem Kanu erkunden, Gotische Bibliothek am Rande des Neuen Gartens (S. 4 u.)
Seite 10/11: Ausstellung »Hinter der Maske. Künstler in der DDR« im Museum Barberini (S. 10 o. l.), im Holländischen Viertel (S. 10 u. l.), Grünes Gitter – Haupteingang zum Schlosspark Sanssouci (S. 10 r.), Glienicker Brücke (S. 11)

Konzeption, Layout und Gestaltung dieser Publikation bilden eine Einheit, die eigens für die Buchreihe der **1000 Places To See Before You Die-City/Regio Guides** entwickelt wurde. Sie unterliegt dem Schutz geistigen Eigentums und darf weder kopiert noch nachgeahmt werden.

Mit Textbeiträgen aus »1000 Places To See Before You Die – Deutschland · Österreich · Schweiz« von Die Journalisten, Holger Möhlmann, Detlef Schmalenberg und Patricia Schultz.

Inspired by 1,000 PLACES TO SEE BEFORE YOU DIE SECOND EDITION: A Traveler's Life List
Copyright © 2011 by Patricia Schultz
1,000 Places to See Before You Die is a registered trademark of
Patricia Schultz and Workman Publishing
This »1,000...Before You Die« book is published under license from Workman Publishing Co., Inc.

Unser/e Autor/in hat diese Ausgabe während der Corona-Pandemie recherchiert.
Aufgrund der Pandemie kann es zu veränderten Öffnungszeiten und Zugangsbeschränkungen sowie Schließungen kommen. Wir bitten dies zu entschuldigen!

© 2021 VISTA POINT Verlag GmbH, Rolandsecker Weg 30, D-53619 Rheinbreitbach
Alle Rechte vorbehalten
Reihenkonzeption: Andreas Schulz & VISTA POINT-Team
Bildredaktion: Kathrin Fäller
Lektorat: JB Bild|Text|Satz
Layout und Grafik: Sandra Penno-Vesper, Potsdam
Reproduktionen: Henning Rohm, Köln; Noch & Noch, Datteln
Kartographie: Huber Kartographie GmbH, Unterschleißheim
Druckerei: Florjançiç tisk d.o.o., Slowenien

ISBN 978-3-96141-618-9

An unsere Leser!
Die Informationen dieses Buches wurden gewissenhaft recherchiert und von der Verlagsredaktion sorgfältig überprüft. Nichtsdestoweniger sind inhaltliche Fehler nicht immer zu vermeiden. Für diese übernimmt der Verlag keine Haftung. Für Ihre Korrekturen und Ergänzungsvorschläge sind wir dankbar.

VISTA POINT Verlag
Rolandsecker Weg 30 · 53619 Rheinbreitbach
Telefon: +49 (0)2224/7795-0 · Fax: +49 (0)2224/7795-100
info@vistapoint.de · www.vistapoint.de · www.facebook.de/vistapoint